Stand Up
캐스터네츠

세광음악출판사

SPAIN

머리말

클래식 악기를 전공하고 수없이 많은 음악수업을 하면서 누구나 부담 없이 시작할 수 있고, 쉽게 배우고, 일상에서 스스로 즐기면서 연주할 수 있는 악기를 찾고 싶었습니다.
그 갈망의 시작점에서 칼림바라는 악기를 알게 되었습니다.
이 악기다! 온몸이 찌릿할 정도로 확신이 생기면서 제 자신이 놀랄 정도의 열정이 샘솟았습니다.
교육과정을 만들고, 전문 강사를 양성하고, 교재를 집필하고, 많은 교육현장에서 수업을 하면서 보람되고 즐거웠습니다.
시간이 지나면서 칼림바처럼 누구나 즐길 수 있는 또 다른 악기를 찾고 싶어졌습니다.

✔ 쉽게 배울 수 있어야 하는데…
✔ 신나게 연주할 수 있어야 하는데…
✔ 여러 장르의 음악 연주를 할 수 있어야 하는데…
✔ 휴대성이 좋아야 하는데…
✔ 가성비가 좋아야 하는데…

우연히 보게 된 핸드 캐스터네츠 연주 영상에서 칼림바를 처음 알게 되었을 때의 감정이 느껴졌습니다. 예전부터 알았고, 누구나 아는 악기지만 모양이 조금 다르고 잡는 자세와 연주법이 다르기 때문에 완전히 새로운 악기라고 생각됩니다.
핸드 캐스터네츠는 반주 리듬과 멜로디 리듬 모두를 연주할 수 있어서 다양한 장르의 음악을 연주할 수 있습니다. 칼림바를 시작할 때처럼 다시 한번 확신을 가지게 된 악기로 즐겁게 수업할 생각을 하면서 열심히 교육과정을 만들고 교재를 집필하였습니다.
이 교재로 신나게 연주하면서 캐스터네츠 매력에 흠뻑 빠져보시길 추천드립니다.

저자 장진영

차례

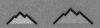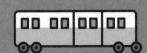

Level 1

캐스터네츠란?

 캐스터네츠 (Castanets) (일반적으로 복수형으로 사용됨)

캐스터네츠는 체명악기(이디오폰)-무율타악기로, 단단한 나무, 상아 또는 플라스틱, 합성섬유 등으로 만든 두 개의 면(공명을 위해 속이 파인 형태)을 끈으로 연결하여 손에 끼고 서로 부딪히게 하는 방법으로 연주하는 악기입니다. 기원은 정확히 알려지지 않았지만 그리스, 로마, 이집트 등에서 사용되었던 악기 크로탈룸과 비슷한 악기가 페니키아인, 이베리아반도의 무어인들에 의해 지중해로 전파되면서 스페인에 유입되었다고 추정하고 있습니다(크로탈룸 Crotalum - 장례식, 종교의식, 종교무용 등에 악령으로 보호하는 마법의 도구).

캐스터네츠를 뜻하는 Castañuelas(카스타누엘라)도 밤나무를 가리키는 스페인어 Castaño(카스타뇨)에서 유래되었다고 합니다. 유입된 이 악기를 그들만의 방식으로 변형시키고 정착되면서, 중세 시대 이후에는 스페인 전역의 전통음악, 민속 춤과 깊은 관련을 가지고, 르네상스, 바로크 시대를 지나면서 많은 발전을 이루었습니다. 특히, 스페인을 대표하는 문화유산 중에 하나인 남부 안달루시아 지방의 민속음악과 춤으로 구성된 플라멩코(Flamenco)에서 기타와 함께 연주되는 필수 악기로 주로 사용되고 있습니다.

오늘날 캐스터네츠는 다양한 음악에 연주되고 있으며 춤을 위한 반주음악에서 리듬감을 더하여 독주 악기로도 많은 사랑을 받고 있습니다.

 캐스터네츠가 나오는 곡들

비제의 <카르멘>

림스키코르사코프의 <스페인 기상곡>

드뷔시의 <이베리아>

라벨의 <스페인 광시곡>

산티아고 데 무르시아의 <판당고>

보케리니의 <기타 5중주 4번 판당고>

바그너의 <탄호이저>

리하르트 슈트라우스의 <살로메: 일곱 베일의 춤>

프로코피에프의 <피아노 협주곡 3번>

그 외 칼 오르프도 자주 사용

캐스터네츠의 전신

크로탈룸(Crotalum, 복수형 Crotala), 클래퍼(Clappers)

가장 오래된 타악기 중 하나로, 지팡이, 갈대, 나무, 뼈, 조개, 금속 등 소리가 나는 물질로 이루어진 두 개의 속이 빈 조각을 양손에 잡거나, 가죽이나 줄로 서로 고정하여 한 손에 잡거나, 손잡이가 있어서 서로 두드리는 리듬 악기입니다. 고대 이집트에서 음악가들이 사용한 최초의 악기라는 견해도 있습니다. 종교의식, 축제, 행사, 군사적 신호 등에 사용되는 춤과 음악에서 리듬을 유지하는 데 사용되었고, 악기의 소리는 악령을 물리치는 음악의 여신 '하토르'를 묘사한 것이라고 합니다. 크기, 모양이 다양하고 일부 악기는 인체 부위와 비슷하게 만들었고, 이집트인들은 일반적으로 손 모양을 사용하였습니다. 손뼉 소리와 같은 자연스러운 신체 소리의 확장으로 시작되었을 것으로 추측하기도 합니다(장신구와 손가락까지 섬세하게 표현). 크로탈룸은 여성이 연주하는 타악기로 여성 연주자를 Crotalistriae(크로탈리스트리아)라 부르고, 연주 모습은 상형문자나 벽화, 조각, 도자기 등에서 볼 수 있습니다.

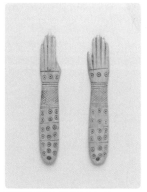
기원전 1539~1075년경 Clappers,
Brooklyn Museum

기원전 1539~1075년경 Clappers,
Brooklyn Museum

기원전 1850~1750년경 Clappers,
Minneapolis Institute of Art, Mia

기원전 480년경 아울로스 연주자와 크로탈라를 든
무용수가 있는 붉은색 아티카 머그잔,
Wikimedia Commons

1720년 술탄 아흐메드의 아들들의 할레를 기념하는
축제에 참석한 쾨체크 극단,
Wikimedia Commons

캐스터네츠의 소재 및 구조

☀ 캐스터네츠의 소재

캐스터네츠는 나무, 상아, 금속, 플라스틱 등의 재료로 만들고 있습니다. 최근에는 온도와 습도 변화에 영향을 덜 받고 충격에 강한 다양한 재료(종이, 면, 천, 유리 등)에 열과 압력을 가하여 만든 합성섬유의 사용이 많아지고 있습니다.

☀ 캐스터네츠의 명칭

Macho
Left hand

마초
(Macho)

낮은 음, 왼손,
간단한 리듬, 비트

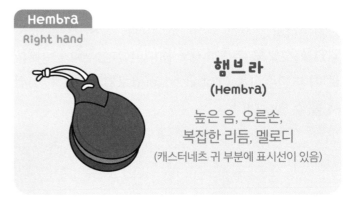

Hembra
Right hand

햄브라
(Hembra)

높은 음, 오른손,
복잡한 리듬, 멜로디
(캐스터네츠 귀 부분에 표시선이 있음)

☀ 캐스터네츠의 크기

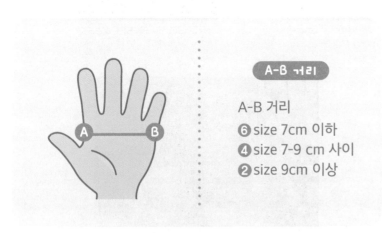

A-B 거리

A-B 거리
❻ size 7cm 이하
❹ size 7-9 cm 사이
❷ size 9cm 이상

❻   ❹   ❷

전문가용은 조금씩 크고, 수공예품이 많아 디자인에 따라서도 크기에 차이가 있습니다.

☀ 캐스터네츠의 구조

1. concha-shell [한 쌍의 몸통]
   두 개의 hojas-leaves 한 쌍
2. puente-bridge [브릿지]
   귀와 실 구멍을 포함한 윗부분,
   끈으로 두 hojas를 연결하는 역할
3. labio- lip [입술]
   심장의 테두리로 두께와 너비는
   소리의 품질을 결정하는 요소 중 하나
4. punto-point [포인트]
   hojas 두 쪽이 만나서 소리가 시작되는 곳
5. corazon-heart [심장]
   사운드박스, 깊이는 음질의 가장 중요한 요소
6. oreja-ear [귀]
   엄지를 안정적으로 받쳐주는 곳
7. pico-peak [봉우리]
   소리에 영향을 주지 않는 장식 요소
8. 끈 12inch(30.48cm)

싱글 사운드박스

더블 사운드박스

캐스터네츠의 종류

1 핸드 캐스터네츠

엄지손가락을 이음 부분에 끼고 나머지 네 개의 손가락으로 캐스터네츠의 면을 움직여서 소리 내는 캐스터네츠, 이러한 캐스터네츠 연주는 쉬운 것 같아 보이지만 빠른 리듬에서 경쾌한 소리를 정확하게 소리 내기까지는 꽤 오랜 시간이 걸립니다(18세기 머리 부분 생김, 이전에는 중지에 끼고 연주).

핸드 캐스터네츠

일반 캐스터네츠

출처 : e뮤지엄

2 패들 캐스터네츠

1. 핸들 캐스터네츠

양손에 잡고 다리에 연주,
복잡한 리듬 표현 가능,
판 없음.

한 손에 잡고 연주,
복잡한 리듬 표현 어려움,
요란한 연타 가능,
판 있음.

판

2. 머신(테이블) 캐스터네츠

나무판자에 캐스터네츠 한 쌍을 부착시킨 형태. 아래쪽 면은 고정되어 있고 윗면은 스프링으로 연결되어 있습니다. 윗면을 손가락으로 두드리거나 말렛을 사용하여 연주합니다. 부드러운 셈여림으로 복잡한 리듬을 연주할 수 있다는 장점이 있지만, 소리가 작은 편입니다.

3 핑거 캐스터네츠 (카혼이나 젬베 등 타악기 연주 시 함께 사용)

4 풋 캐스터네츠

캐스터네츠의 연주 자세

캐스터네츠 손에 끼는 법

매듭이 내 몸 쪽으로 오고 반지를 끼듯이 고리 2개에 엄지손가락을 넣고 첫 번째 관절을 귀 부분에서 약간 구부립니다. 첫 번째 링은 손톱선 부분에 걸칩니다.

이중 매듭이 지어져 있어서 두 개의 끈 중에 움직이는 끈을 꽉 잡아당겨서 조여줍니다.

🌰 기본 연주법

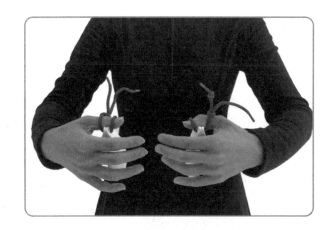

① 손가락에서 캐스터네츠 끈을 조여서 고정시킨다.

② 손을 배꼽 높이에 놓고 팔을 몸에서 곡선으로 벌린다.

. . . .

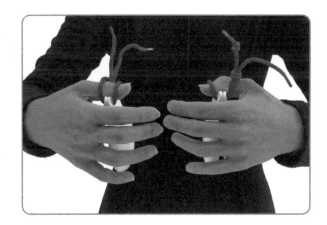

③ 손가락 끝이 서로 마주하고 손바닥이 몸을 향한다.

④ 엄지손가락이 다른 손가락들 보다 높게 캐스터네츠를 든다.

. . . .

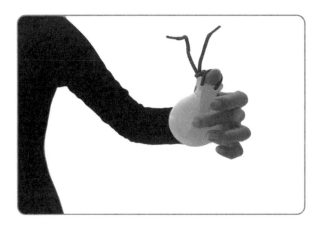

⑤ 캐스터네츠는 서로 넓은 면을 마주 보게 한다.

⑥ 캐스터네츠의 중앙 부분을 살짝 구부린 손가락으로 한 음씩 소리가 또박 또박 날 수 있도록 터치한다.

캐스터네츠의 악보 읽기 - 구음

 기본 구음

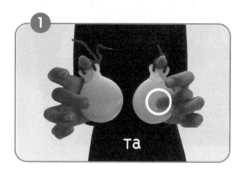

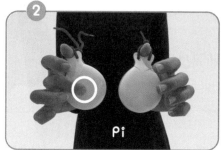

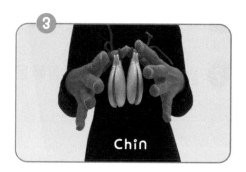

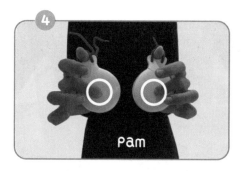

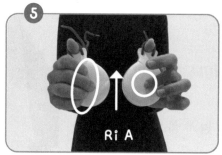

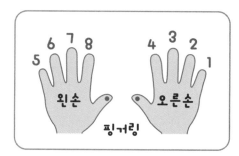

1 Ta(타)　　왼손 중지 7번으로 치는 그림
왼손으로 연주. 주로 중지를 사용하여 간단한 리듬 표현으로 세기에 따라 6, 7번 또는
5, 6, 7번을 같이 치거나 빠른 곡에서는 5, 6, 7, 8번 손가락을 다양하게 사용하기도 합니다.

2 Pi(피)　　오른손 중지 3번으로 치는 그림
오른손으로 연주. 복잡한 리듬 표현 1, 2, 3, 4번을 리듬에 따라 사용합니다.

3 Chin(친)　악기 부딪히는 그림
캐스터네츠 두 개를 마주 보게 부딪혀서 연주하는 것으로, 한 개로 손목이나 팔꿈치 어깨 등
다양한 신체 부위를 부딪히기도 합니다.

*Chan(찬) – Chin을 친 후, 연속 동작으로 Chin을 쳤던 두 쪽의 반대면끼리 칩니다.

4 Pam(팜)　　Ta, Pi 양손 연주 그림
왼손, 오른손을 동시에 연주하는 것으로, 보통은 양쪽 중지로, 연주곡에 따라 2, 3번 손가락을
같이 연주합니다.

5 Ri A(리아)　오른손 그림
오른손 1>2>3>4 (Ri)를 빠르게 연주하고 연결하여 오른손 7번(A)으로 연주합니다.

 일선 악보

기보법

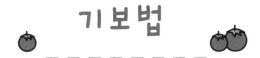

오른손

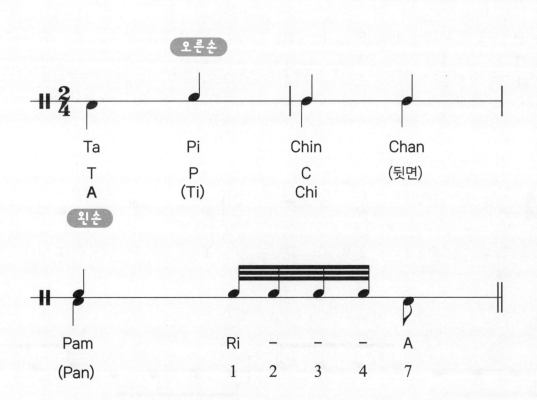

Ta	Pi	Chin	Chan
T	P	C	(뒷면)
A	(Ti)	Chi	

왼손

Pam	Ri	–	–	–	A
(Pan)	1	2	3	4	7

기본 리듬 패턴

1

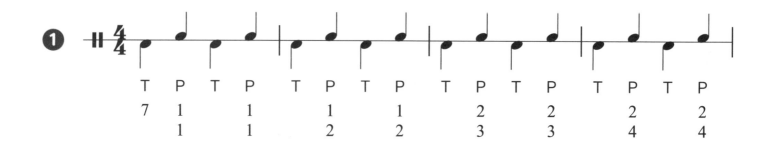

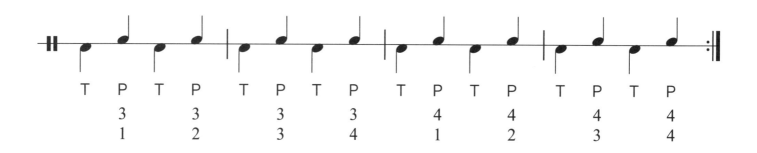

2

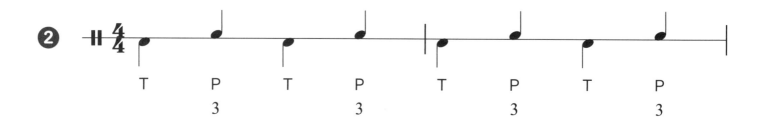

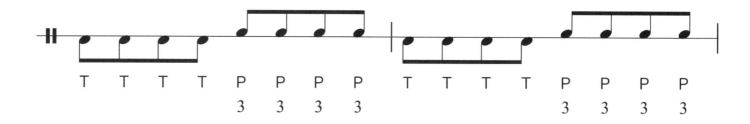

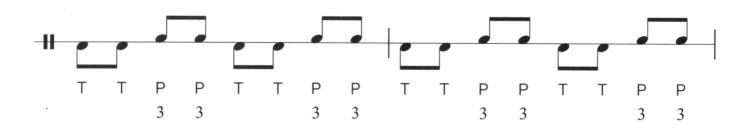

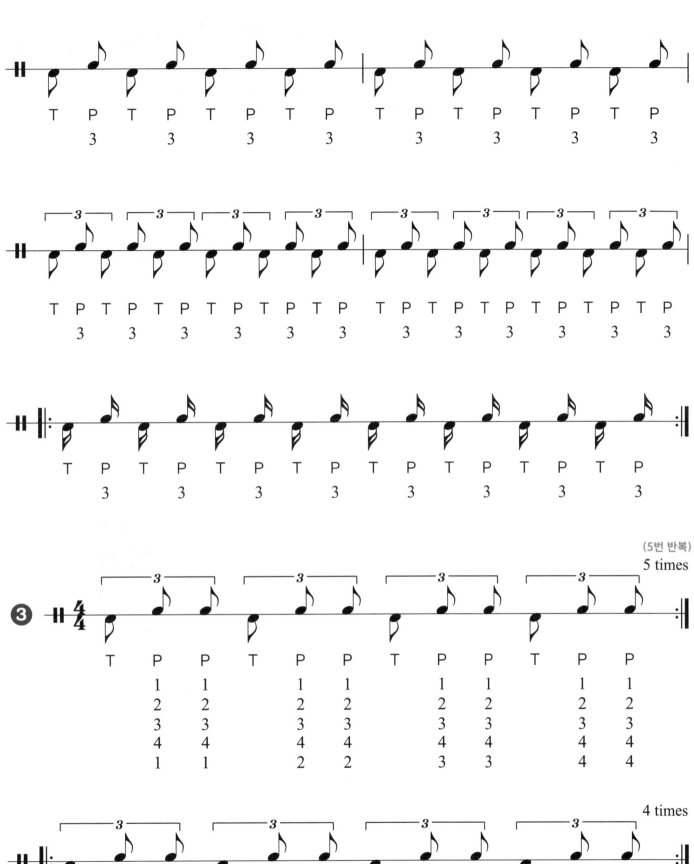

심화 리듬 패턴 ① - 변형 연주 패턴

❶

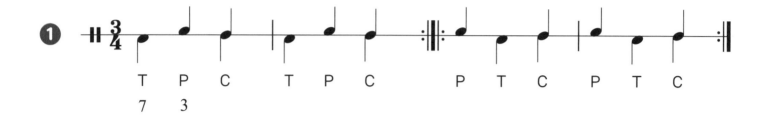

T P C T P C   P T C P T C
7 3

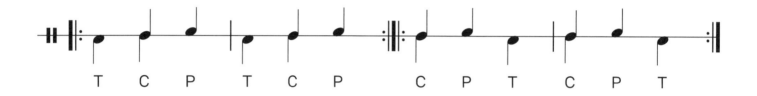

T C P T C P   C P T C P T

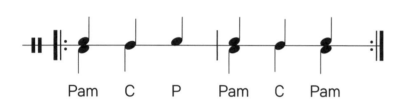 

Pam C P Pam C Pam

❷

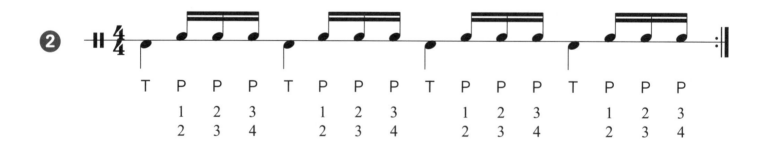

T P P P T P P P T P P P T P P P
 1 2 3 1 2 3 1 2 3 1 2 3
 2 3 4 2 3 4 2 3 4 2 3 4

P P P P P P P P P P P P P P P P
1 2 3 4 1 2 3 4 1 2 3 4 1 2 3 4

❸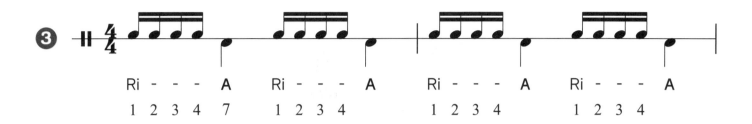

Ri - - - A Ri - - - A Ri - - - A Ri - - - A
1 2 3 4 7 1 2 3 4 1 2 3 4 1 2 3 4

T Ri - - A T Ri - - A T Ri - - A T Ri - - A

T Ri - - A P T Ri - - A P T Ri - - A P T Ri - - A P

T Ri - - A Ri - - A Ri - - A T Ri - - A Ri - - A Ri - - A

T Ri - - A Ri - - A Ri - - A Ri - - A Ri - - A Ri - - A Ri - - A

1. 고양이 춤

작자 미상

2. 아름답게 장식하세

크리스마스 캐럴

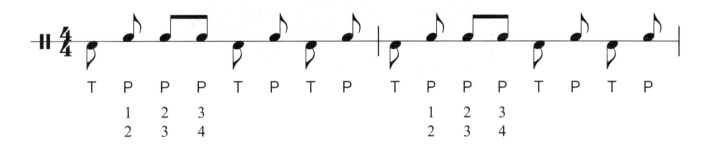

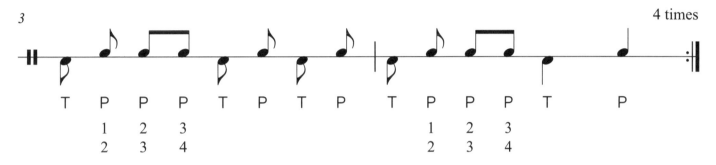

4 times

3. 고기잡이

윤극영 작곡

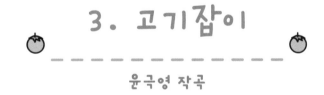

3 times

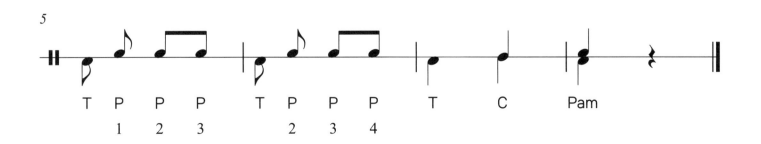

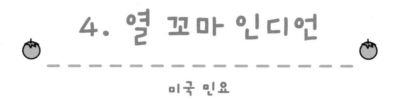

4. 열 꼬마 인디언

미국 민요

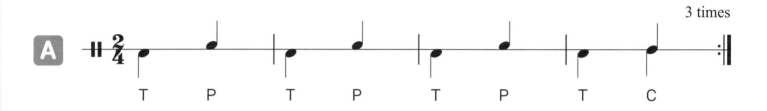

A   2/4

T   P   T   P   T   P   T   C

3 times

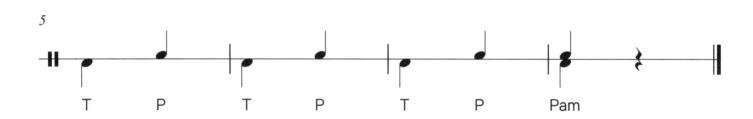

5

T   P   T   P   T   P   Pam

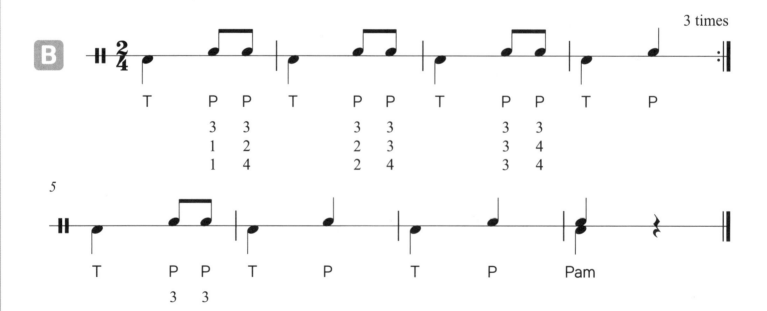

B   2/4

T   P   P   T   P   P   T   P   P   T   P

3	3		3	3		3	3		
1	2		2	3		3	4		
1	4		2	4		3	4		

3 times

5

T   P   P   T   P   T   P   Pam

3   3

5. 도레미 송

R. Rodgers 작곡

P P P P P P P P

P P P P P P P P

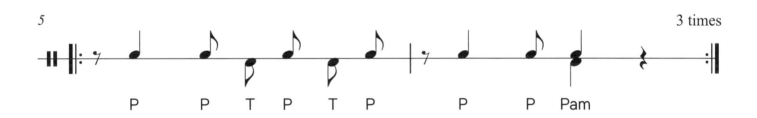

P P T P T P P P Pam

3 times

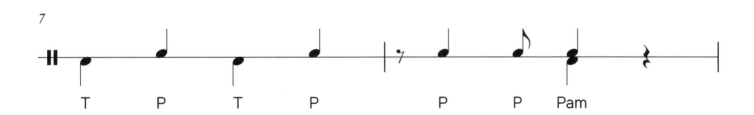

T P T P P P Pam

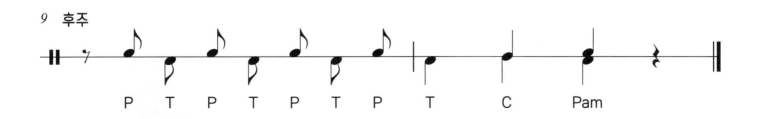

9 후주

P T P T P T P T C Pam

6. Are You Sleeping

외국곡

A

T	P	T	P	T	P	T	P	T	P	P		T	P	P

5

T	P	T	P	T	P	T	P	T	P	T	P	T	P	P	T	P	P

B

C	P	T	P	C	P	T	P	C	P	T		C	P	T

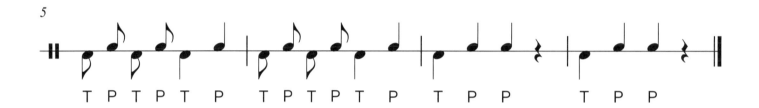

5

T	P	T	P	T	P	T	P	T	P	T	P	C	P	T	C	P	T

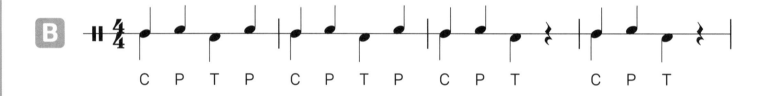

C

8 times

T	P	T	P	T	P	P

24

7. 우리 모두 다같이

라트비아 민요

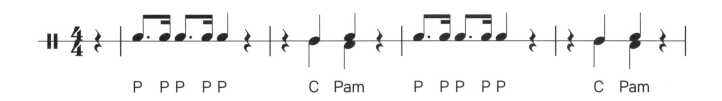

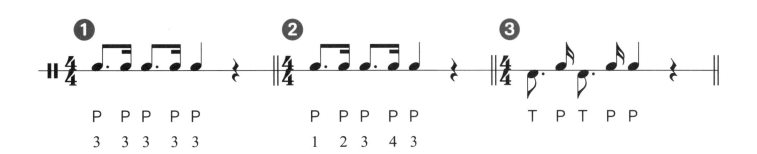

8. 젓가락 행진곡

A. Lulli 작곡

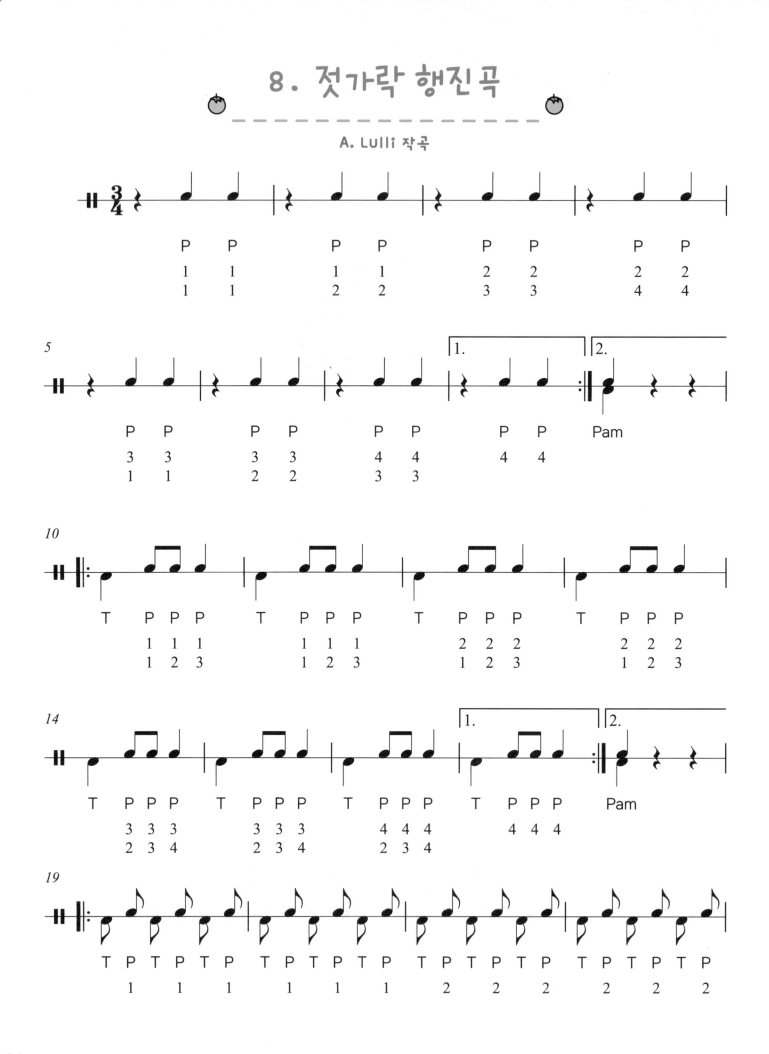

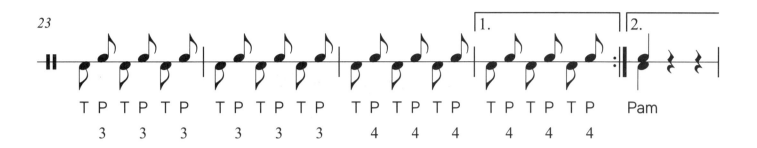

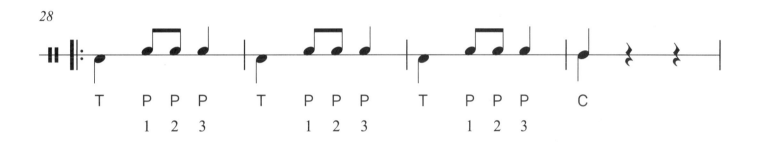

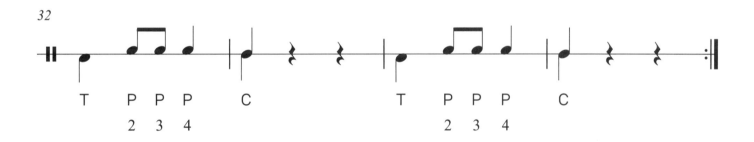

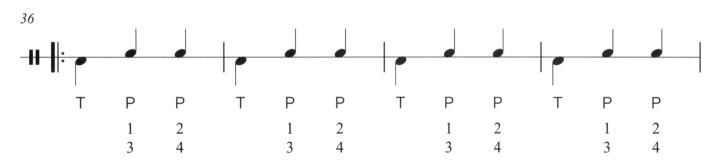

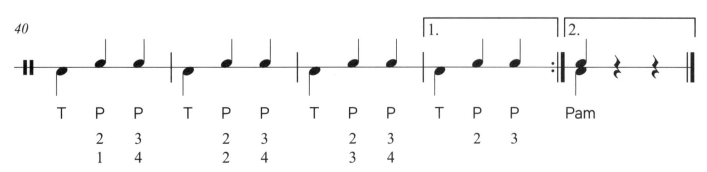

9. Wellerman

뉴질랜드 민요

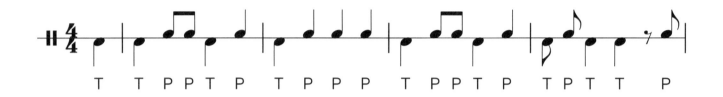

T T P P T P   T P P P   T P P T P   T P T T   P

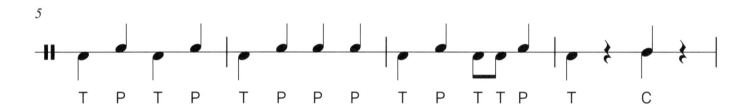

T P T P   T P P P   T P T T P T   C

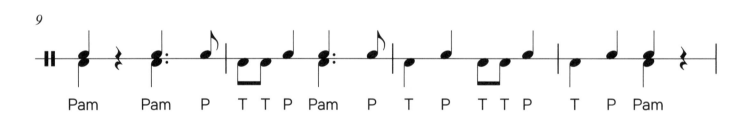

Pam   Pam   P T T P Pam   P T P T T P   T P Pam

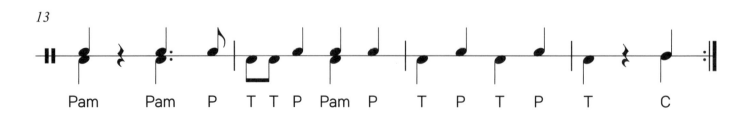

Pam   Pam   P T T P Pam P T P T P T   C

10. 모두가 천사라면

외국곡

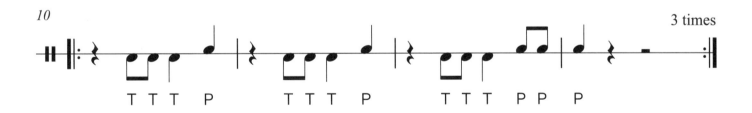

11. 사계 중 '가을'

A. Vivaldi 작곡

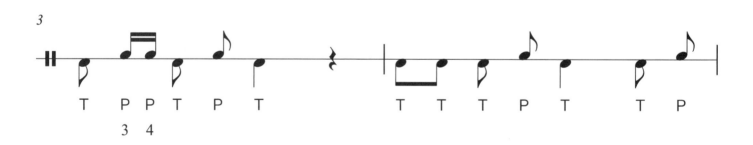

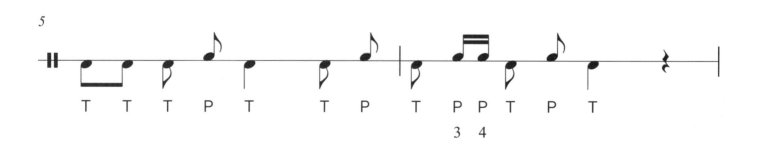

7

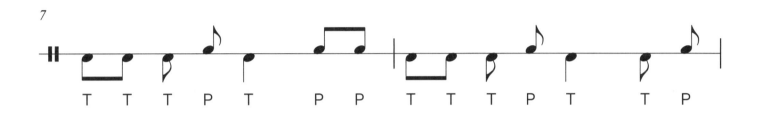

T T T P T P P T T T P T T P

9

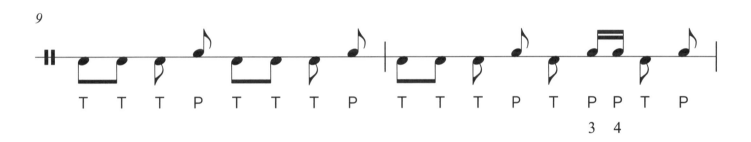

T T T P T T T P T T T P T P P T P
3 4

11

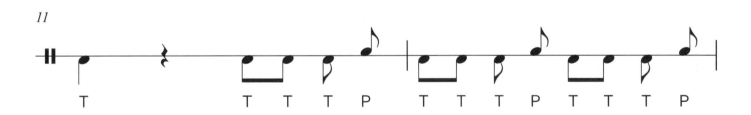

T T T T P T T T P T T T P

13

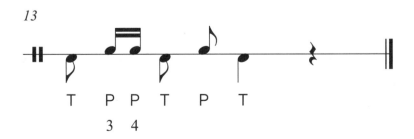

T P P T P T
3 4

12. 윌리엄 텔 서곡

G. A. Rossini 작곡

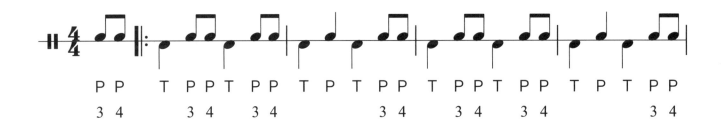

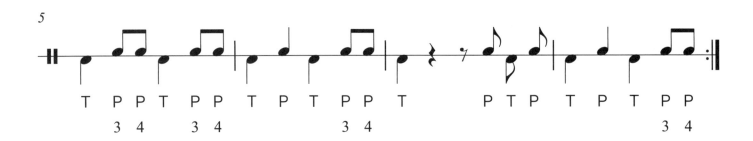

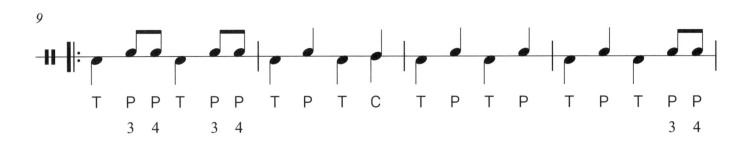

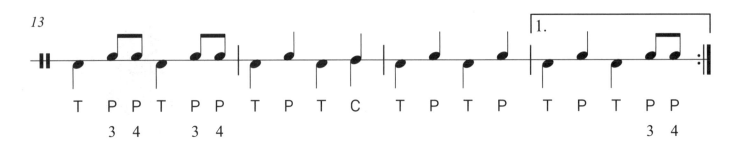

13. 스케이터의 왈츠

É. Waldteufel 작곡

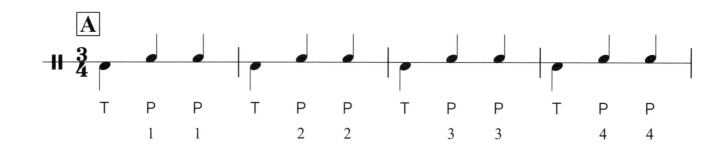

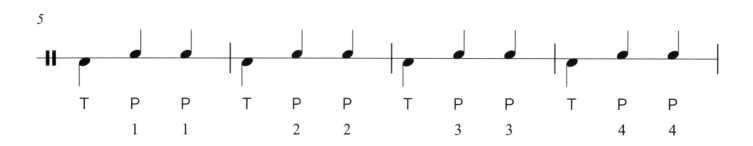

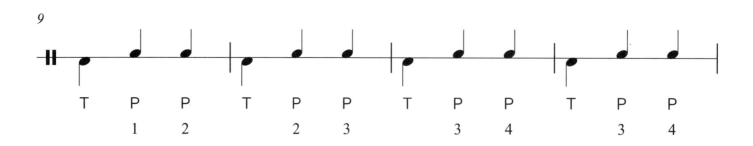

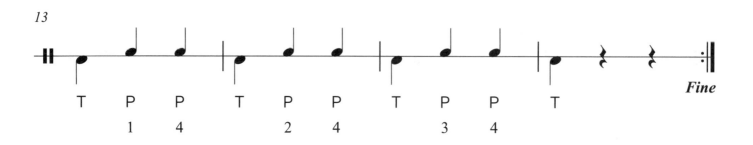

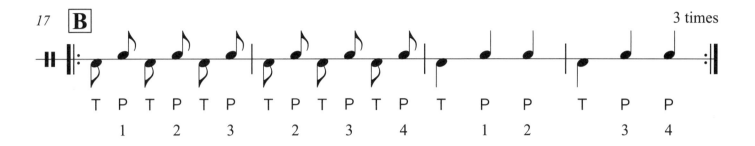

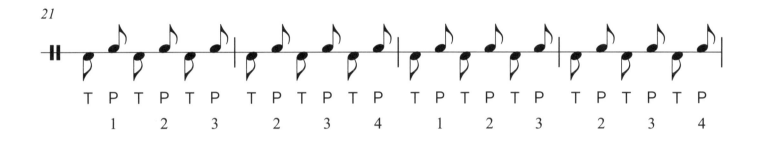

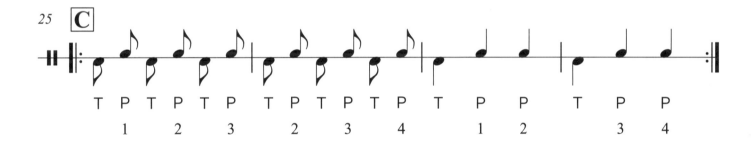

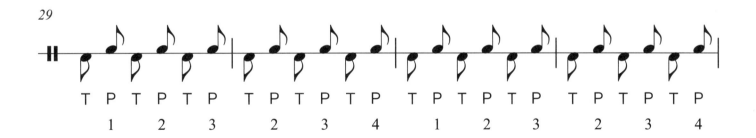

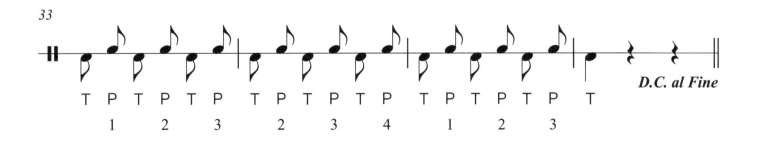

심화 리듬 패턴 ② – Chin 연습

❶

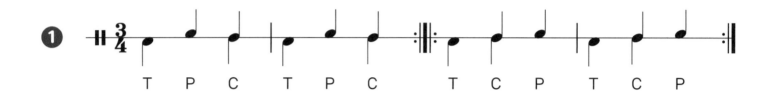

T P C T P C ‖ T C P T C P

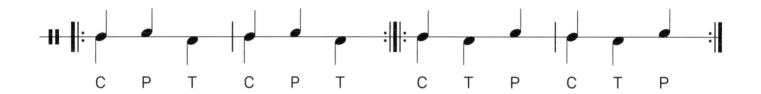

C P T C P T ‖ C T P C T P

❷

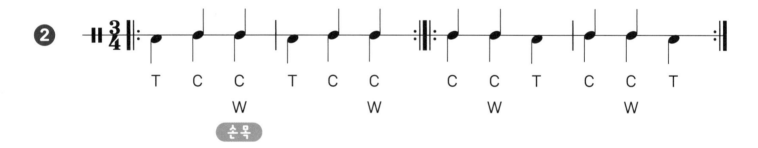

T C C T C C ‖ C C T C C T
    W   W   W   W

손목

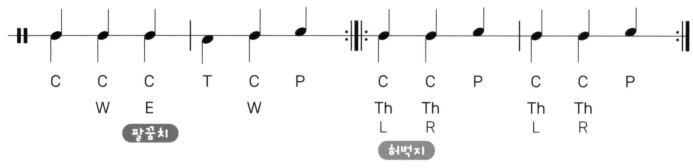

C C C T C P ‖ C C P C C P
W E   W   Th Th   Th Th
                   L R   L R

팔꿈치   허벅지

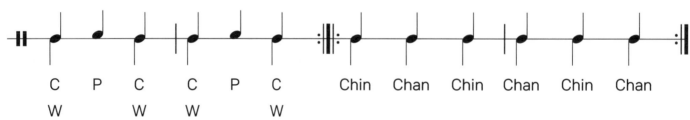

C P C C P C ‖ Chin Chan Chin Chan Chin Chan
W   W W   W

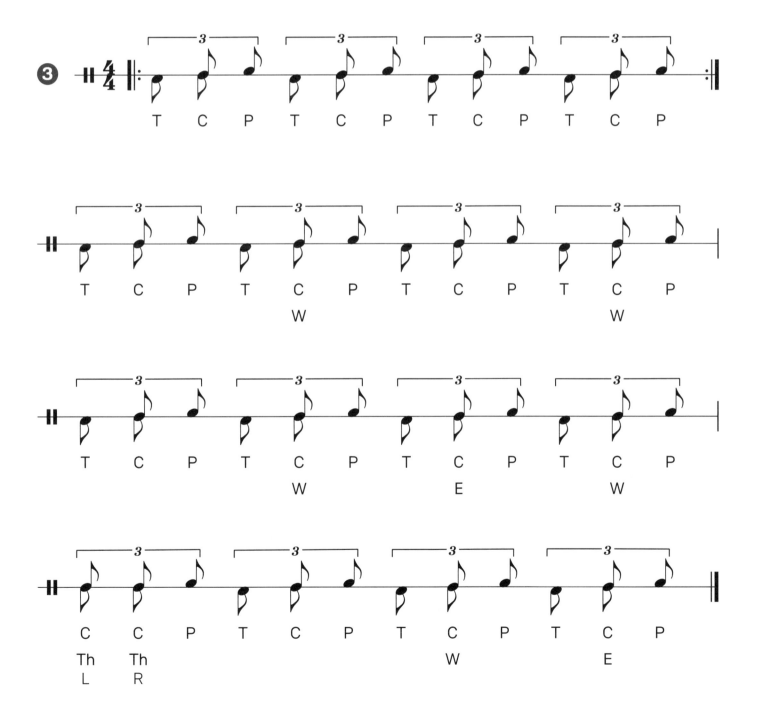

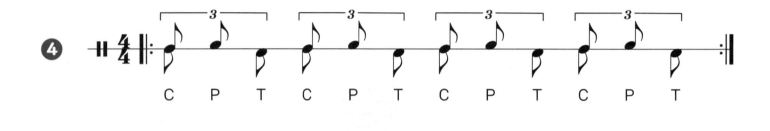

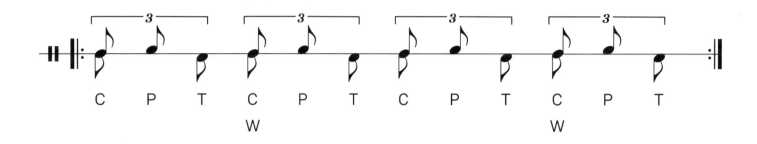

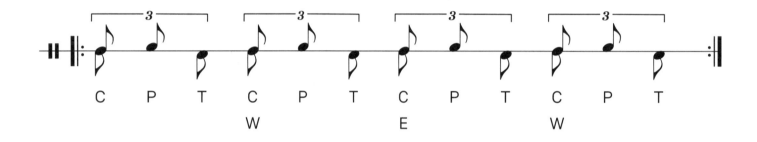

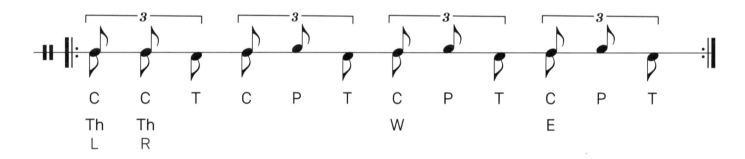

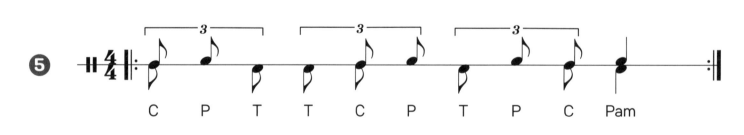

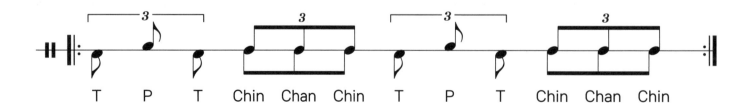

플라멩코 소개

🌸 플라멩코 (Flamenco)

스페인 안달루시아 지역에서 유래한 전통음악과 춤이 결합된 예술작품입니다.

플라멩코는 인간의 감정을 진정성을 가지고 표현력 있게 전달하는 노래(칸테, Cante), 12박을 기본으로 하는 다양한 복합 리듬에 맞춘 발놀림과 강렬한 춤사위(바일레, Baile), 음악적 기교(토케, Toque, 음악 연주)가 상호작용하며 조화를 이루고 있습니다. 이 세 가지는 개별적으로도 표현되기도 합니다.

18세기에는 주로 집시 공동체에서, 19세기 이후에는 대중화되면서 카페, 바, 극장에서, 20세기 중반 이후에는 많은 나라에서 공연되었고, 전통적 요소를 유지하면서도 현대적인 해석과 융합으로 다양한 형태로 발전되고 있으며, 2010년 유네스코 세계 무형문화유산으로 등록되었습니다.

🌸 플라멩코와 악기

플라멩코는 즉흥성이 중요하기 때문에 악기 연주자들이 가수와 무용수와 호흡하며 순간의 감정과 분위기에 맞춰 자유롭게 연주합니다.

🌸 플라멩코 기타

플라멩코 음악에 최적화로 변형된 클래식 기타입니다.

플라멩코 리드악기로, 멜로디와 화음을 연주하며 음악의 중심이 되고 무용수와 가수의 감정 표현을 극대화시키며, 다양한 스트로크와 테크닉으로 복잡한 리듬을 만들어 독특한 분위기를 만들어 줍니다.

🌸 플라멩코 캐스터네츠

무용수가 엄지손가락에 걸고 연주하면서 춤을 추어 시각적으로 무대 퍼포먼스를 풍부하게 만들어 줍니다. 리듬을 명확하게 표현하고 복잡한 비트를 강조합니다.

플라멩코 음악 외에도 라틴음악, 재즈, 중남미, 지중해 지역의 음악에서도 사용됩니다.

🌸 플라멩코 카혼

카혼(페루카혼)의 내부 앞판 뒷면에 여러 개의 와이어를 장착되어 있는 금속의 독특한 사운드로 플라멩코 리듬에 사용됩니다.

모범 연주

14. 동무들아

외국곡

반주 음원

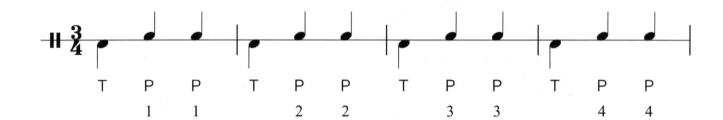

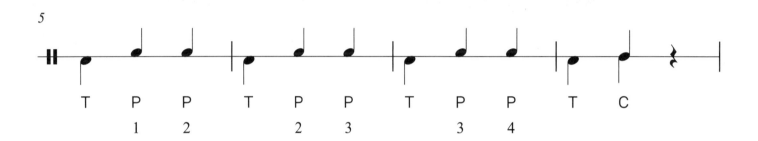

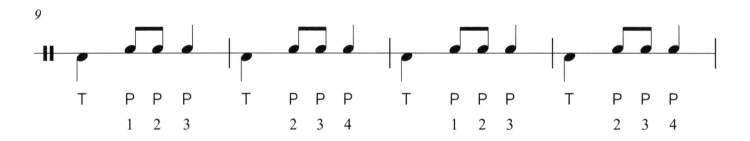

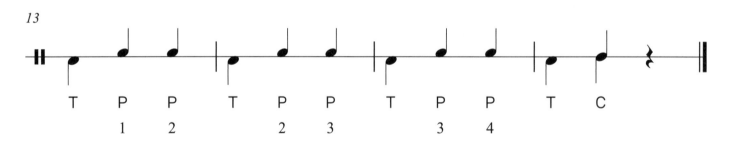

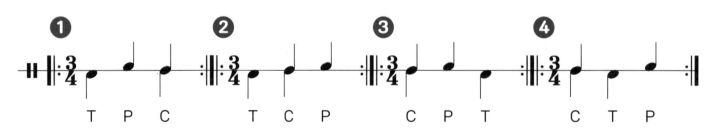

15. 퐁당퐁당

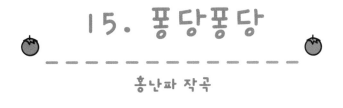

홍난파 작곡

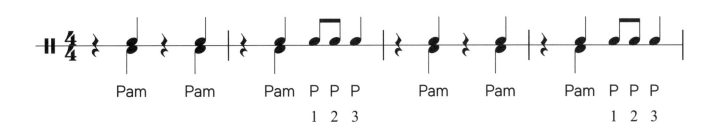

Pam   Pam   Pam P P P   Pam   Pam   Pam P P P
                    1 2 3   1 2 3

5   3 times

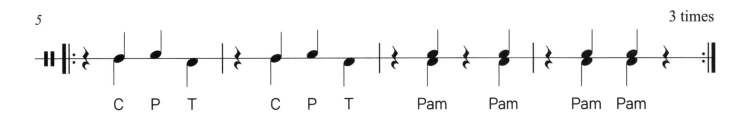

C P T   C P T   Pam   Pam   Pam Pam

16. 어디까지 가느냐 개굴아

외국곡

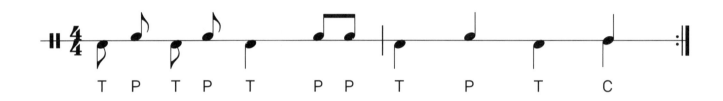

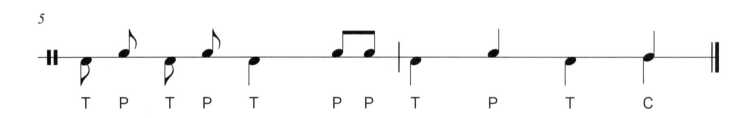

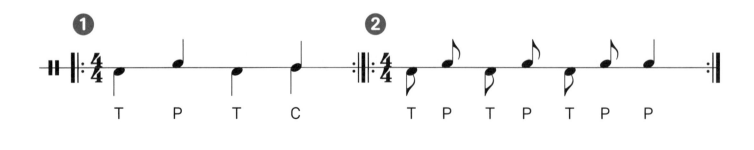

17. 오 수재너

S. Foster 작곡

T P T P T P T P T P T P T C Pam

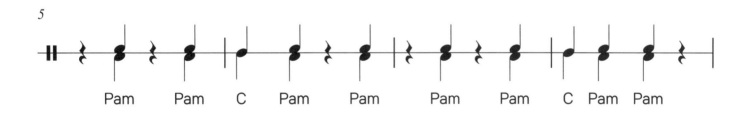

5

Pam Pam C Pam Pam Pam Pam C Pam Pam

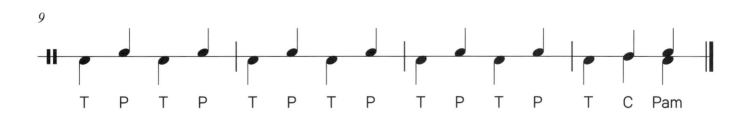

9

T P T P T P T P T P T P T C Pam

18. Camptown Races

S. Foster 작곡

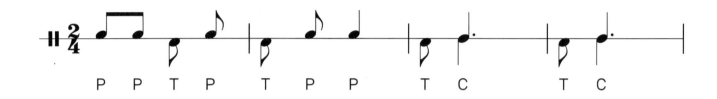

P   P   T   P   T   P   P   T   C   T   C

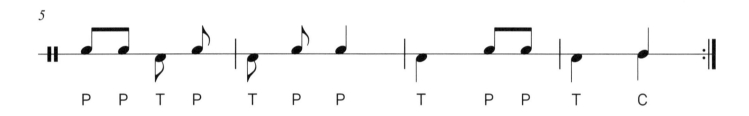

P   P   T   P   T   P   P   T   P   P   T   C

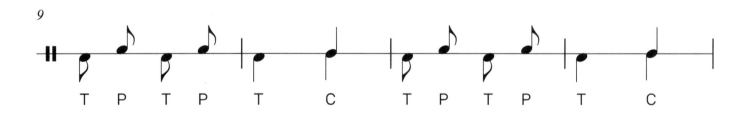

T   P   T   P   T   C   T   P   T   P   T   C

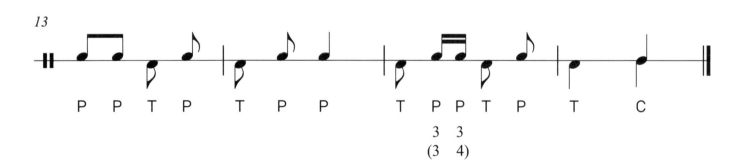

P   P   T   P   T   P   P   T   P   P   T   P   T   C

3   3
(3   4)

19. 여자의 마음

G. Verdi 작곡

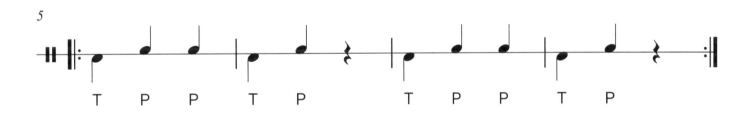

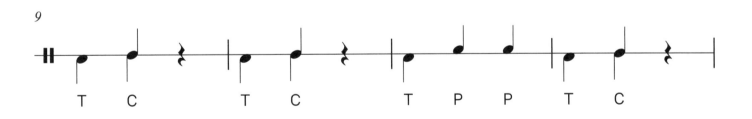

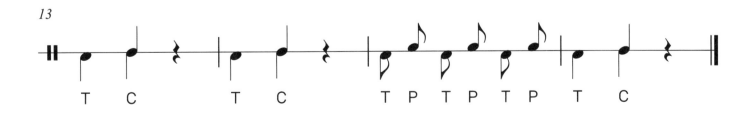

20. 루돌프 사슴코

J. Marks 작곡

4 times

T P P T P T P   T P T P T C Pam

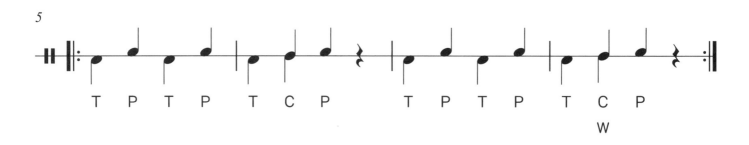

5

T P T P T C P   T P T P T C P
                                W

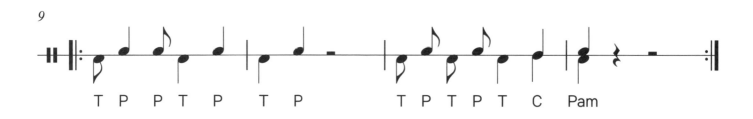

9

T P P T P T P   T P T P T C Pam

46

21. 창밖을 보라

T. Mitchell 작곡

4 times

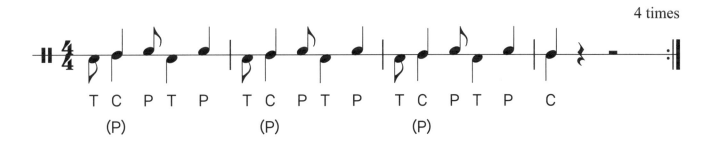

T C P T P   T C P T P   T C P T P C
(P)   (P)   (P)

5
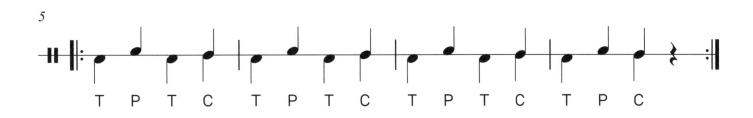

T P T C   T P T C   T P T C   T P C

9
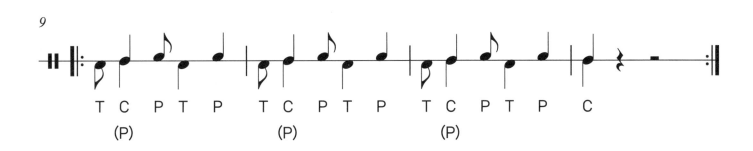

T C P T P   T C P T P   T C P T P   C
(P)   (P)   (P)

22. 독도는 우리땅

박문영 작곡

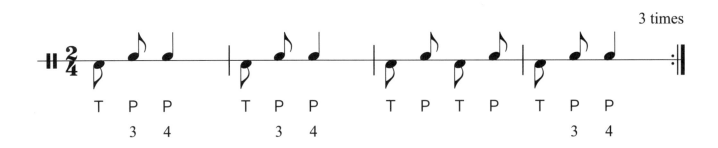

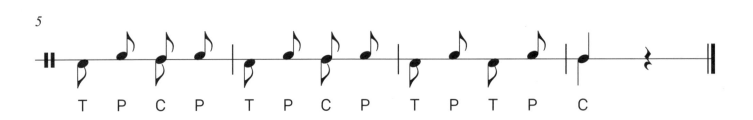

23. 런던 다리

외국곡

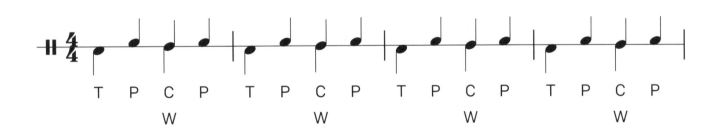

T P C P T P C P T P C P T P C P
   W   W   W   W

5

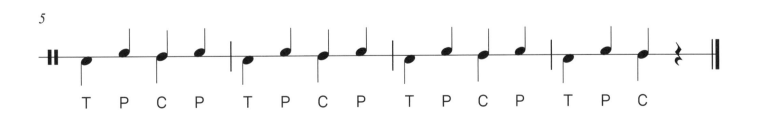

T P C P T P C P T P C P T P C

24. We Wish You a Merry Christmas

영국 캐럴

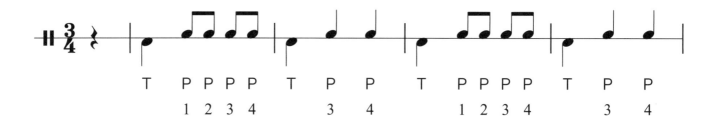

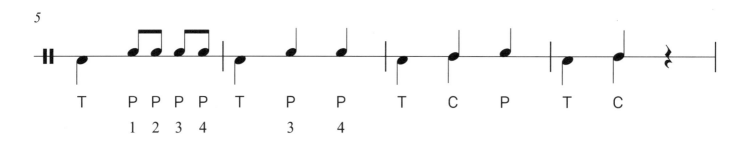

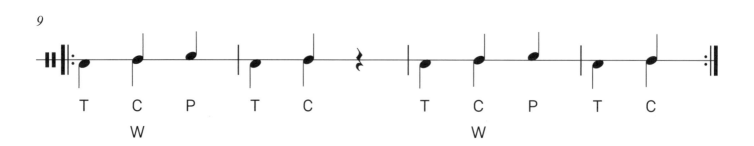

25. Hawaii Five-O

M. Stevens 작곡

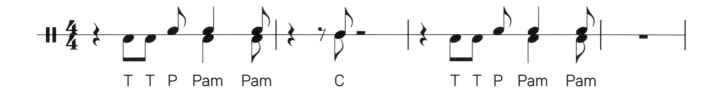

T T P Pam Pam   C   T T P Pam Pam

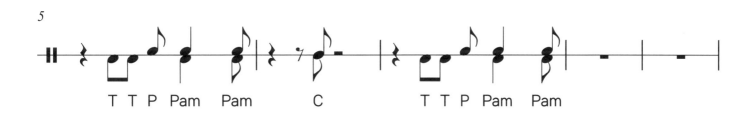

5

T T P Pam Pam   C   T T P Pam Pam

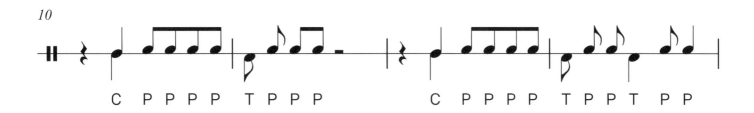

10

C P P P P T P P P   C P P P P T P P T P P

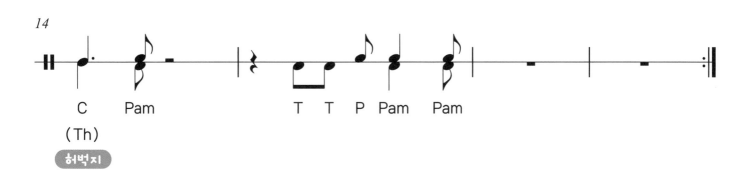

14

C Pam   T T P Pam Pam

(Th)

허벅지

26. 캉캉

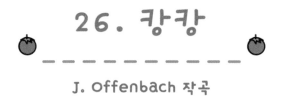

J. Offenbach 작곡

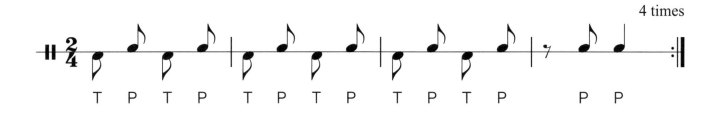

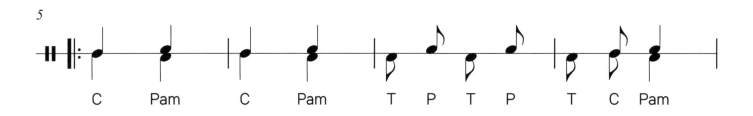

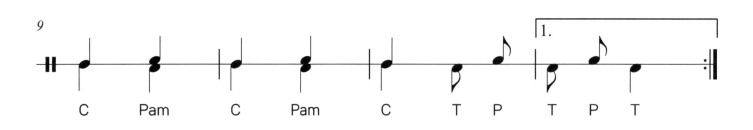

17

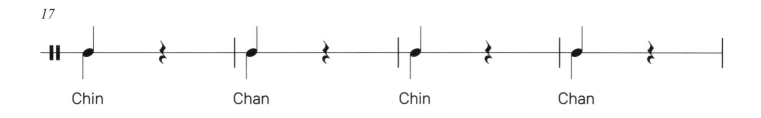

Chin   Chan   Chin   Chan

21

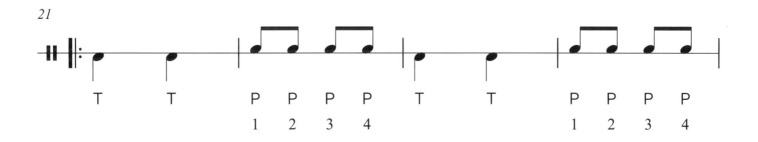

T   T   P P P P   T   T   P P P P

                        1 2 3 4   1 2 3 4

25

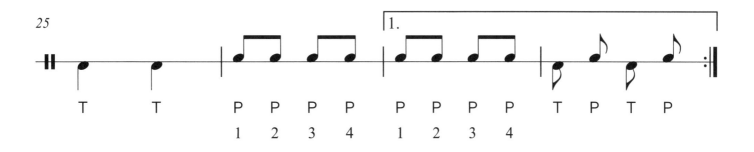

T   T   P P P P   P P P P   T P T P

                     1 2 3 4   1 2 3 4

29

2.

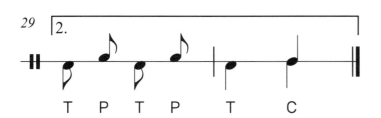

T P T P   T   C

27. 군대 행진곡

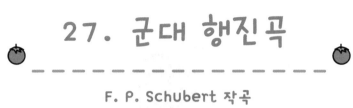

F. P. Schubert 작곡

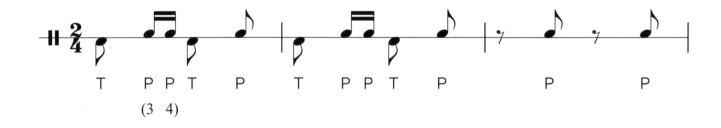

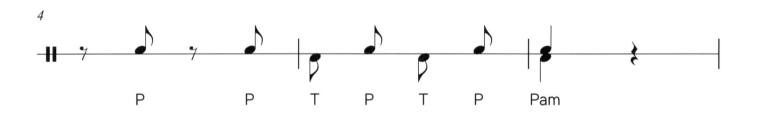

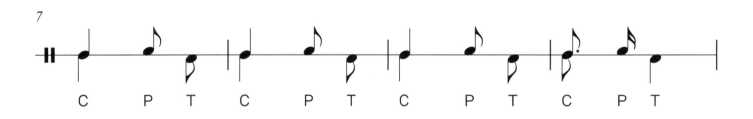

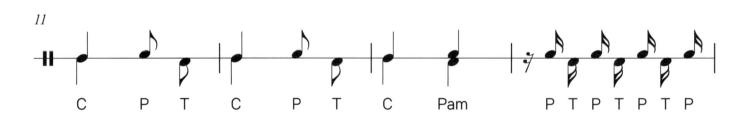

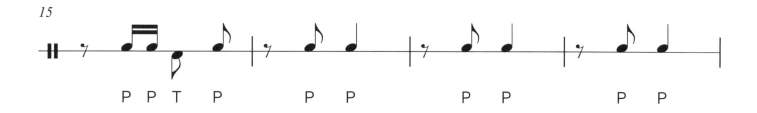

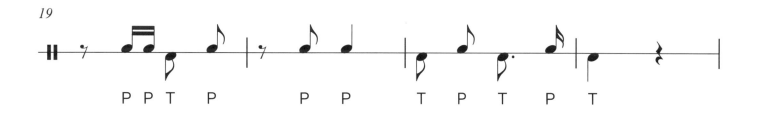

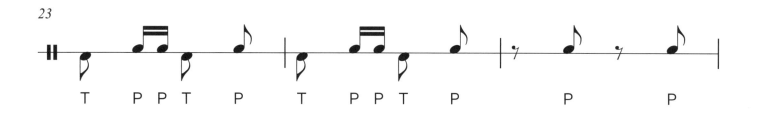

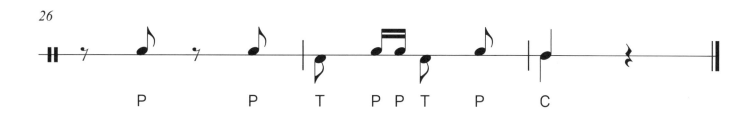

28. 사계 중 '봄'

A. Vivaldi 작곡

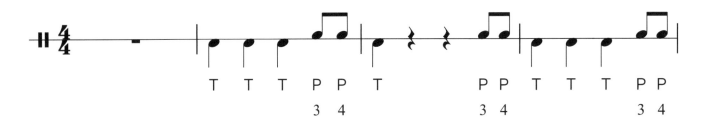

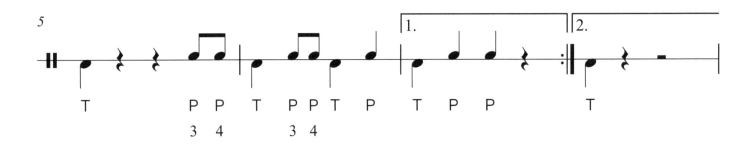

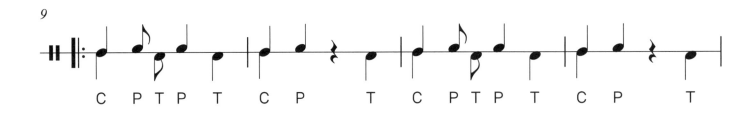

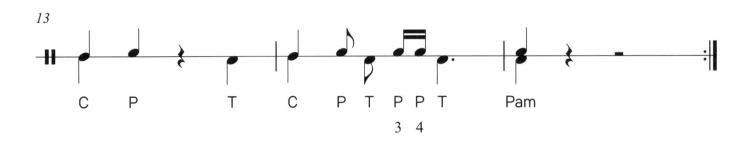

29. 오 나의 태양

E. Capua 작곡

T P T P T P T P T P T P T

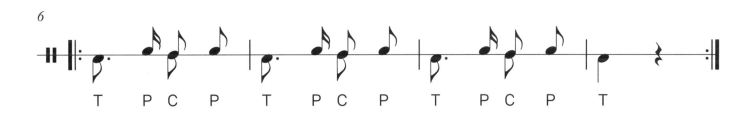

6

T P C P T P C P T P C P T

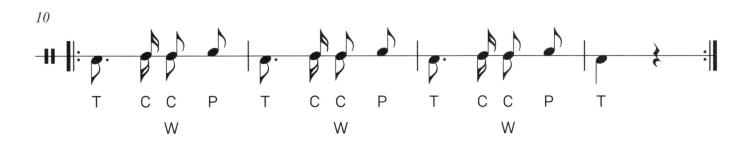

10

T C C P T C C P T C C P T
W W W

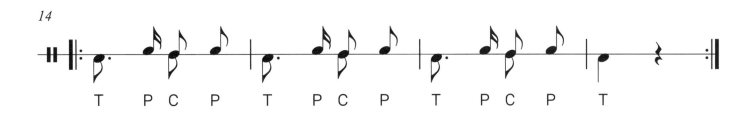

14

T P C P T P C P T P C P T

30. 초록 바다

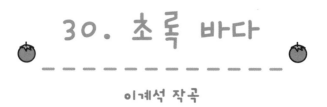

이계석 작곡

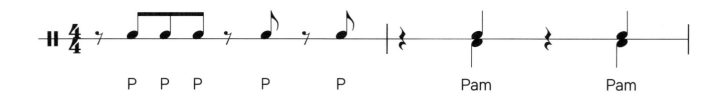

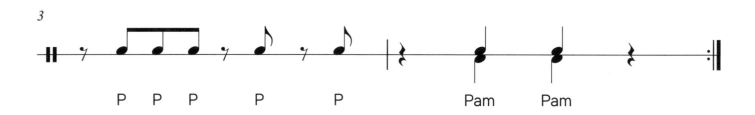

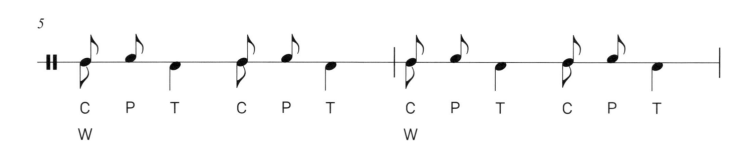

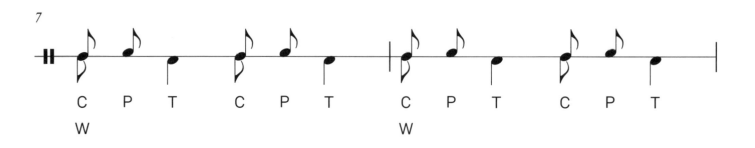

9

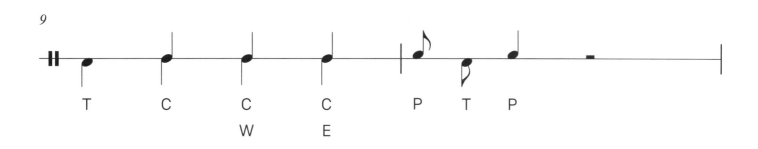

T   C   C   C   P T P
          W   E

11

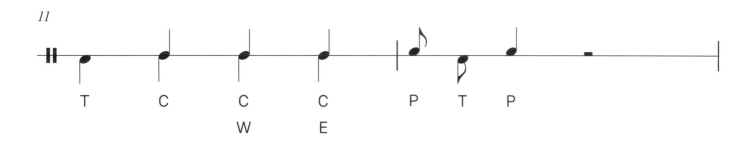

T   C   C   C   P T P
          W   E

13

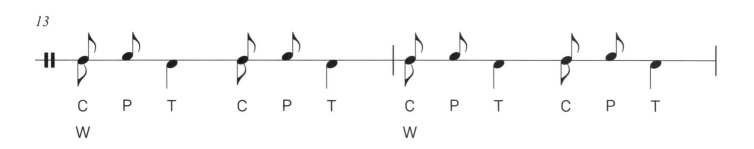

C P T   C P T   C P T   C P T
W   W

15

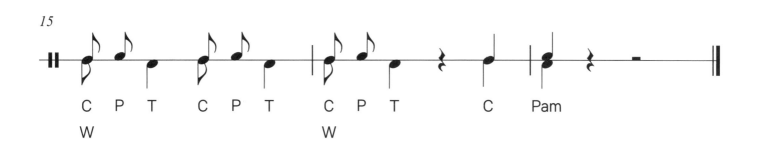

C P T   C P T   C P T   C   Pam
W   W

31. 징글벨

J. Pierpont 작곡

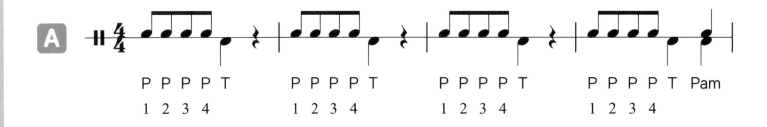

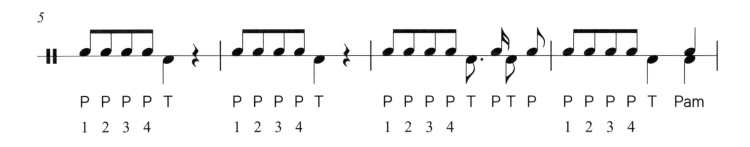

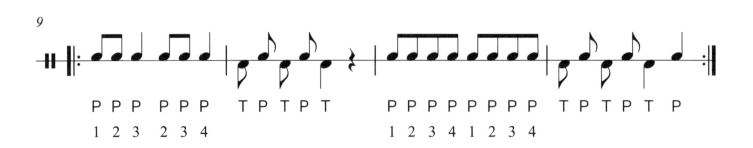

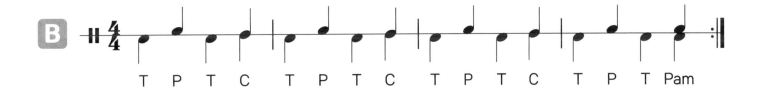

T P T C T P T C T P T C T P T Pam

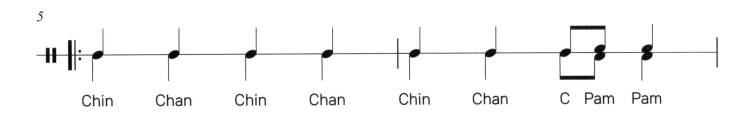

Chin Chan Chin Chan Chin Chan C Pam Pam

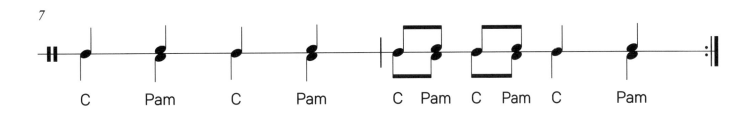

C Pam C Pam C Pam C Pam C Pam

32. 엔터테이너

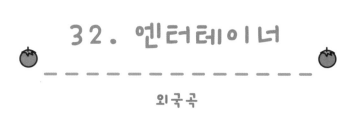

외국곡

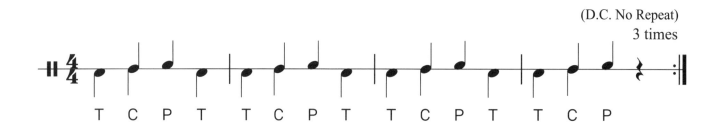

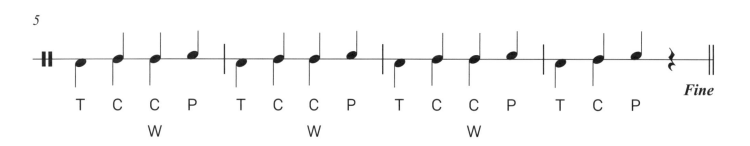

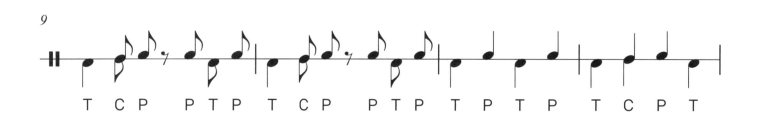

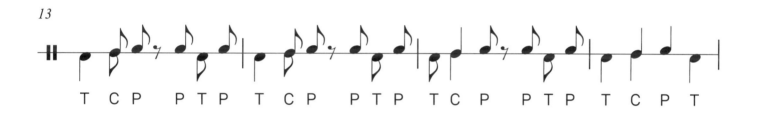

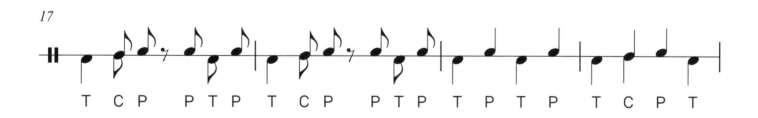

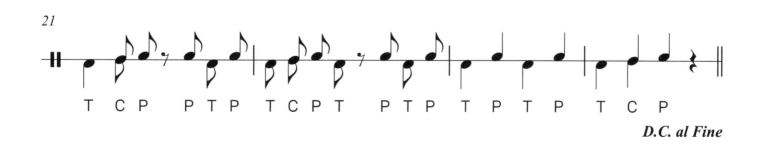

D.C. al Fine

33. 도라지 타령

경기 민요

14 times

A ♯ 3/4 ♩ | ♩ ♪ (3) | ♪ ♩ (3) | ♩ | ♩ ♪ (3) | ♪ ♩ (3) :||

T   T   P   T   P   T   T   P   T   P

14 times

B ♯ 3/4 ♩ | ♩ ♪ (3) | ♩ ♩ (3) | ♩ | ♩ ♪ (3) | ♩ ♩ (3) :||

Pam   Pam   C   Pam   C   Pam   Pam   C   Pam   C

14 times

C ♯ 3/4 ♩ | ♩ ♪ (3) | ♩ ♩ (3) | ♩ | ♩ ♪ (3) | ♩ ♩ (3) :||

Pam   Pam   C   P   C   Pam   Pam   C   P   C
       W   W   W   W

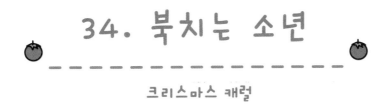

34. 북치는 소년

크리스마스 캐럴

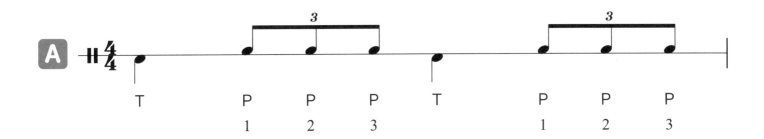

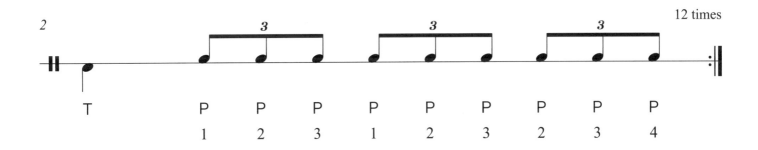

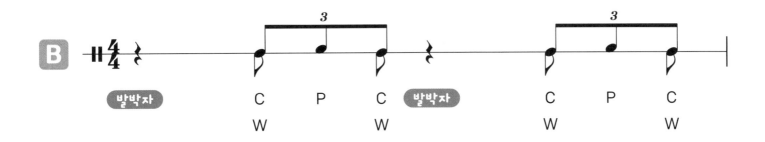

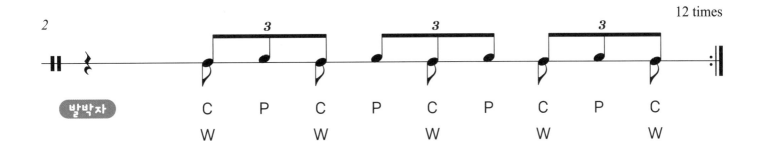

심화 리듬 패턴 ③ – Ri A 연습

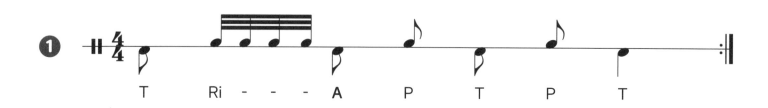

T   Ri – – – A   P   T   P   T

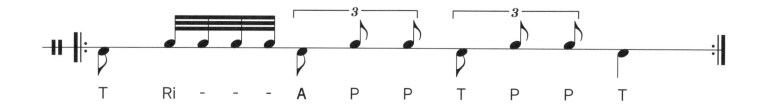

T   Ri – – – A   P   P   T   P   P   T

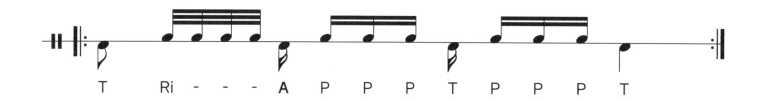

T   Ri – – A   P   P   P   T   P   P   P   T

P   T   Ri – – – A   P   T   P   T   Ri – – – A   P   T

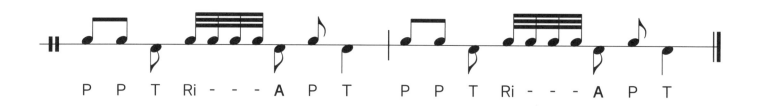

P   P   T   Ri – – – A   P   T   P   P   T   Ri – – – A   P   T

T   P   T   P   T   Ri – – A   T   P   T   P   T   Ri – – A

66

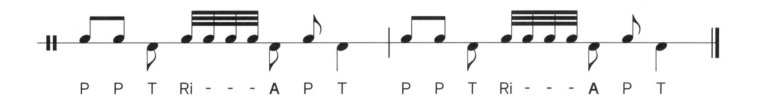

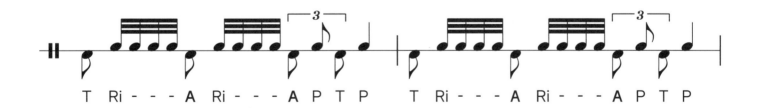

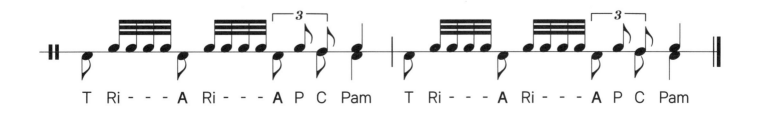

35. 놀람 교향곡

모범 연주

반주 음원

F. J. Haydn 작곡

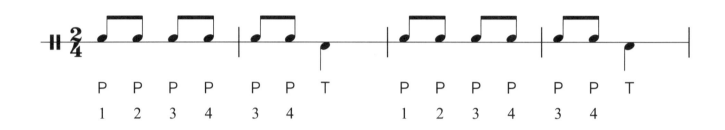

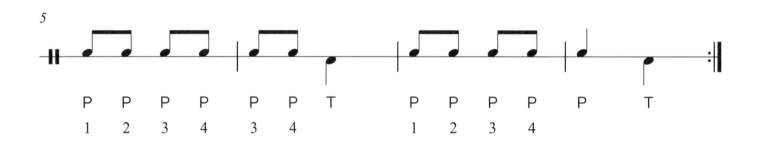

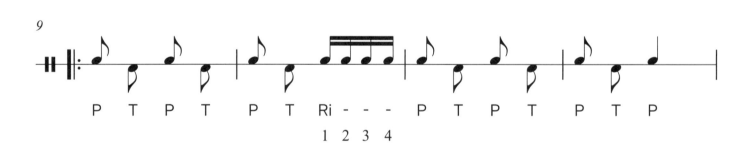

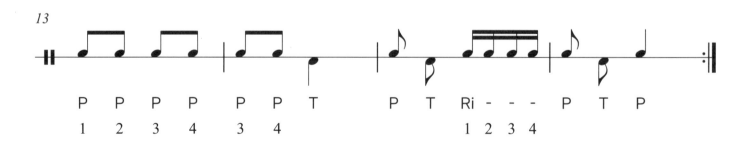

36. 호두까기 인형 중 '사탕요정의 춤'

P. I. Tchaikovsky 작곡

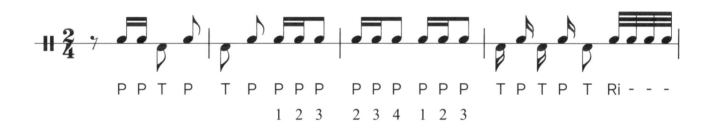

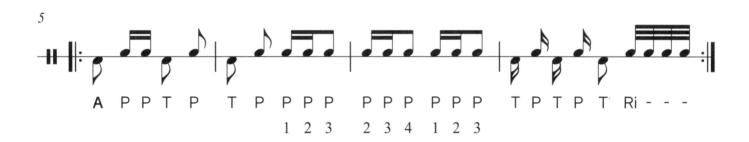

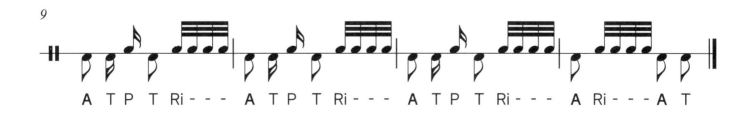

37. 헝가리 무곡

J. Brahms 작곡

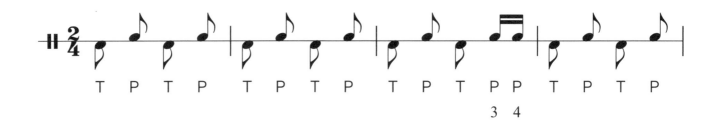

T P T P T P T P T P T P P T P T P
                              3 4

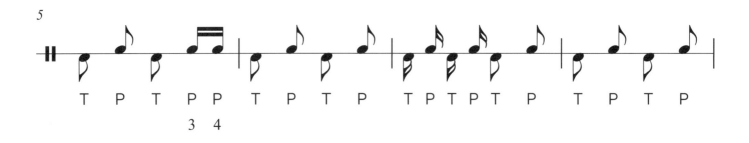

5

T P T P P T P T P T P T P T P T P T P
      3 4

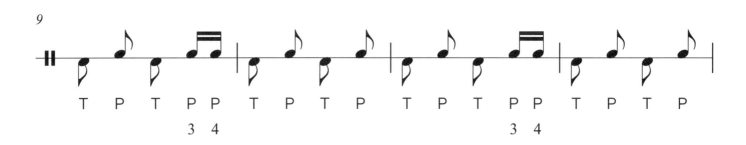

9

T P T P P T P T P T P T P P T P T P
      3 4   3 4

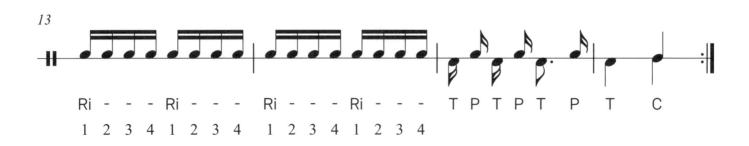

13

Ri - - - Ri - - - Ri - - - Ri - - - T P T P T P T C
1 2 3 4 1 2 3 4 1 2 3 4 1 2 3 4

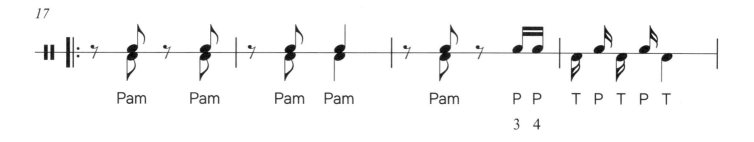

17

Pam　Pam　Pam Pam　　Pam　P P　T P T P T
　　　　　　　　　　　　　　　 3 4

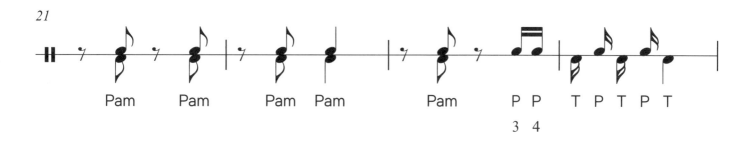

21

Pam　Pam　Pam Pam　　Pam　P P　T P T P T
　　　　　　　　　　　　　　　 3 4

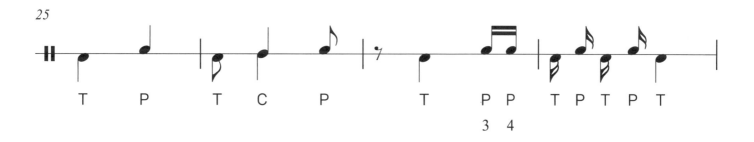

25

T　P　T C　P　　T　P P　T P T P T
　　　　　　　　　　　 3 4

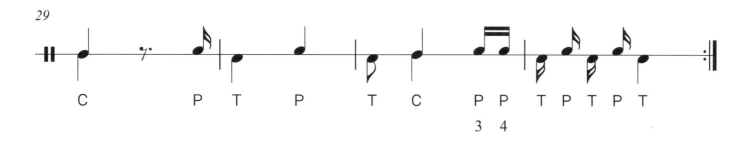

29

C　P T　P　T C　P P　T P T P T
　　　　　　　　 3 4

33

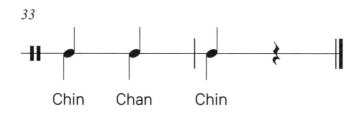

Chin　Chan　Chin

38. 목장길 따라

보헤미아 민요

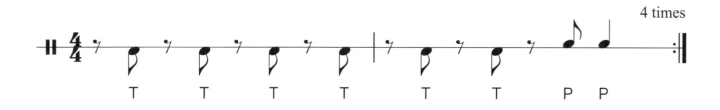

4 times

T T T T T T P P

3

Ri - - - Ri - - - Ri - - - A P   Ri - - A P   Ri - - A P
1 2 3 4 1 2 3 4 1 2 3 4   1 2 3 4   1 2 3 4

5

Ri - - - Ri - - - Ri - - - A P   Ri - - A P T P Pam
1 2 3 4 1 2 3 4 1 2 3 4   1 2 3 4

39. 사랑을 했다

승, B.I, MILLENNIUM 작곡

16 times

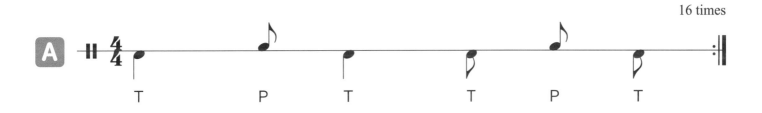

A

T   P   T   T   P   T

16 times

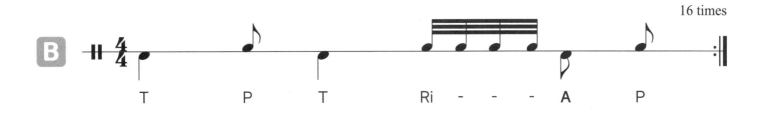

B

T   P   T   Ri - - - A   P

16 times

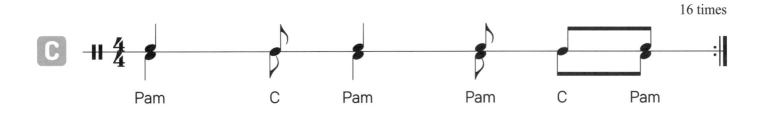

C

Pam   C   Pam   Pam   C   Pam

40. 아름다운 베르네 산골

스위스 민요

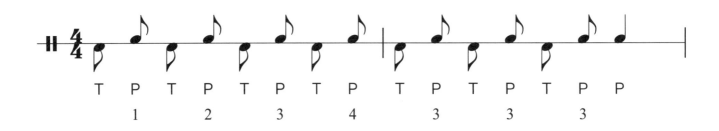

T P T P T P T P | T P T P T P P
   1   2   3   4   3   3   3

3
3 times

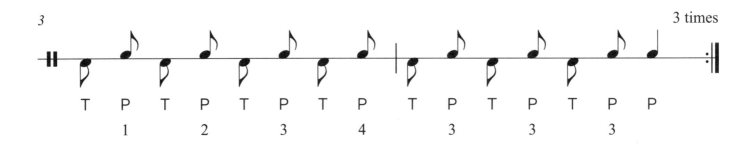

T P T P T P T P | T P T P T P P
   1   2   3   4   3   3   3

5

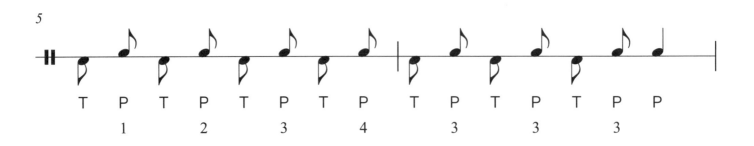

T P T P T P T P | T P T P T P P
   1   2   3   4   3   3   3

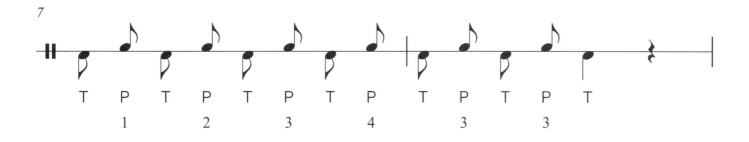

7

T P T P T P T P T P T P T
   1   2   3   4   3   3

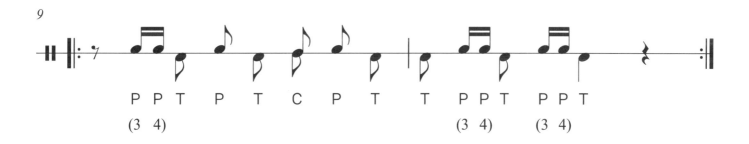

9

P P T P T C P T T P P T P P T
(3 4)   (3 4) (3 4)

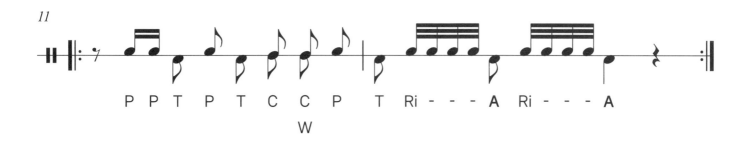

11

P P T P T C C P T Ri - - - **A** Ri - - - **A**
       W

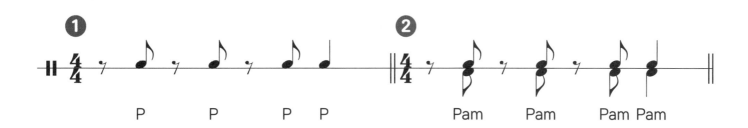

❶   **❷**

P   P   P P   Pam   Pam   Pam Pam

41. 터키 행진곡

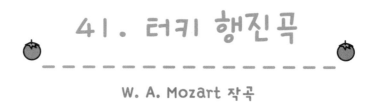

W. A. Mozart 작곡

Ri - - - **A** Ri - - - **A** Ri - - - **A** P T P T P T P T

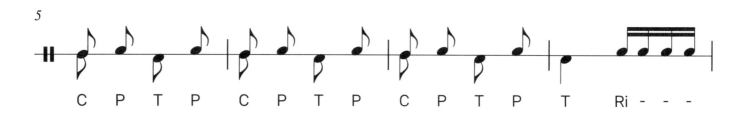

C P T P C P T P C P T P T Ri - - -

A Ri - - - **A** Ri - - - **A** P T P T P T P T T

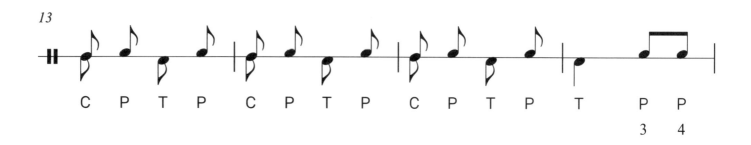

C P T P C P T P C P T P T P P

3 4

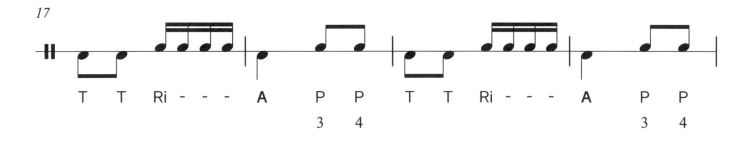

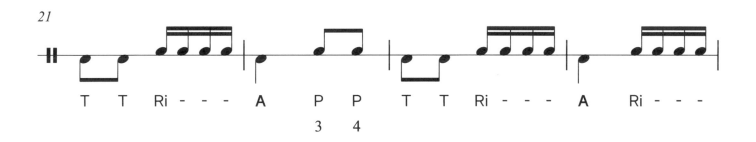

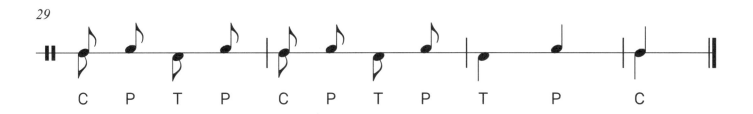

42. 카르멘 중 '투우사의 노래'

G. Bizet 작곡

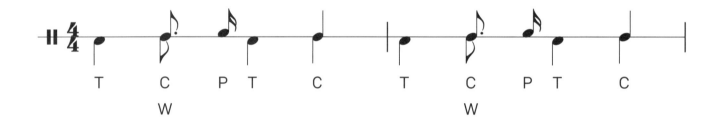

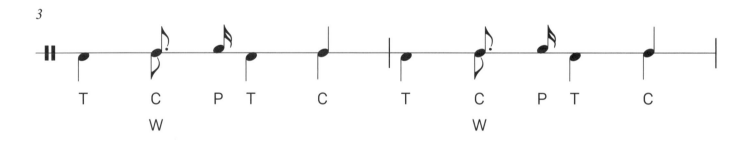

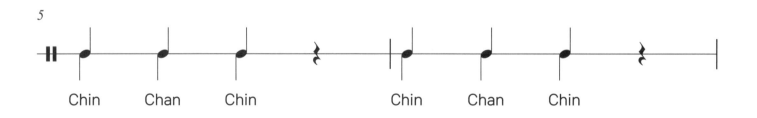

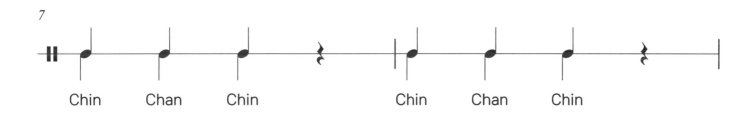

Chin Chan Chin   Chin Chan Chin

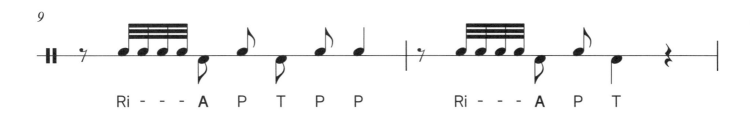

Ri - - - **A** P T P P Ri - - - **A** P T

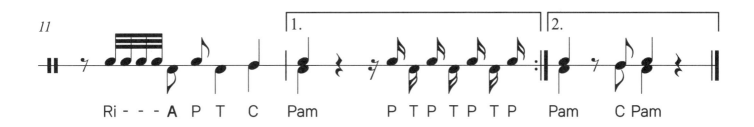

Ri - - - **A** P T C Pam P T P T P T P Pam C Pam

43. 보기대령 행진곡

K. J. Alford 작곡

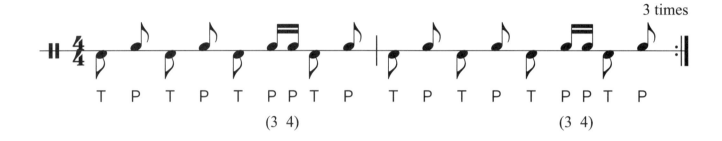

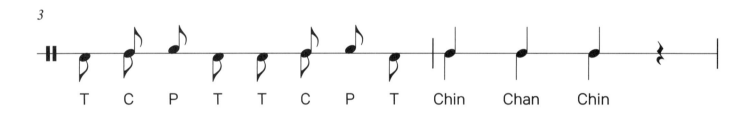

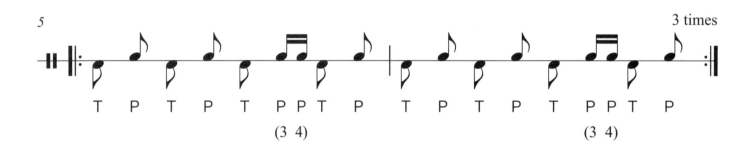

44. 축하합니다

B. Martin, P. Coulter 작곡

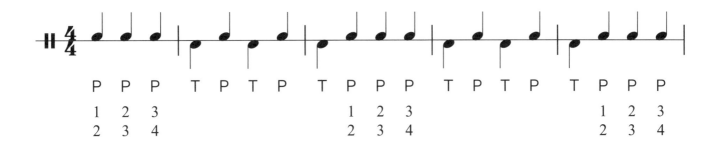

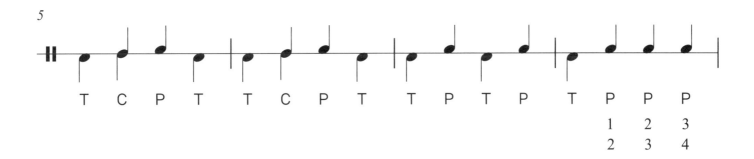

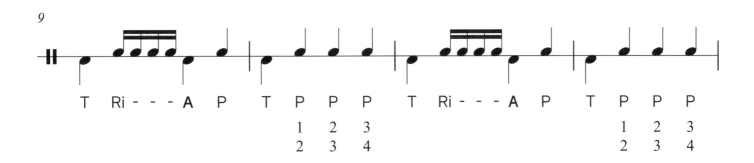

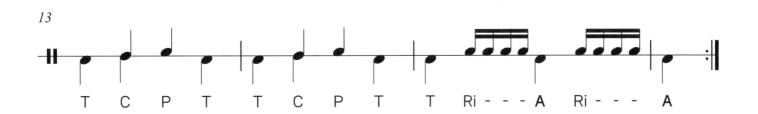

45. 안넨 폴카

J. Strauss II 작곡

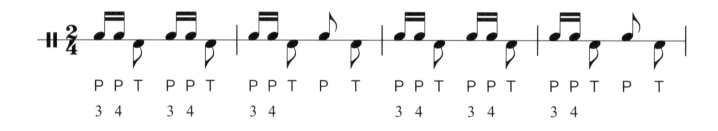

P P T P P T P P T P T P P T P P T P P T P T
3 4 3 4 3 4   3 4 3 4 3 4

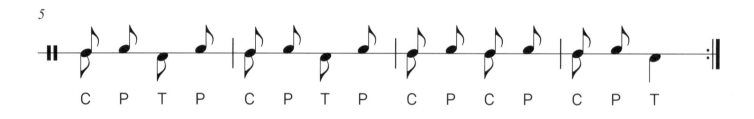

C P T P C P T P C P C P C P T

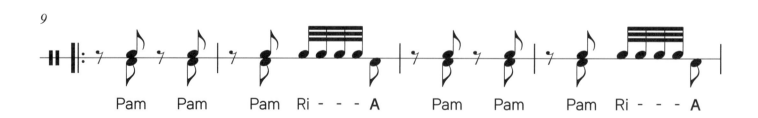

Pam Pam Pam Ri - - - A Pam Pam Pam Ri - - - A

13

Pam　Pam　Pam Ri - - - A　Pam　Pam　C Pam　C

17
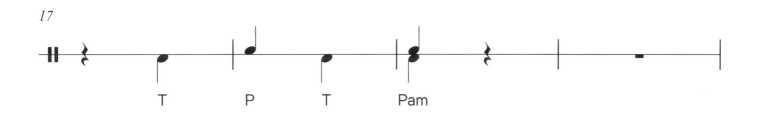

T　P　T　Pam

21
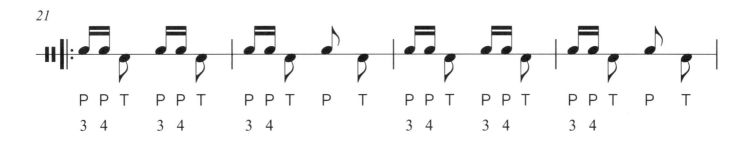

P P T　P P T　P P T　P　T　P P T　P P T　P P T　P　T

3 4　3 4　3 4　　3 4　3 4　3 4

25
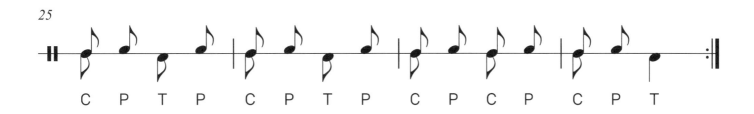

C P T P　C P T P　C P C P　C P T

46. 오블라디 오블라다

P. McCartney, J. Lennon 작곡

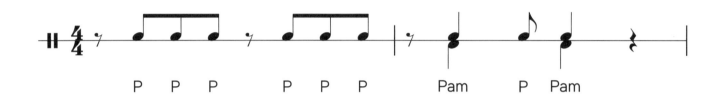

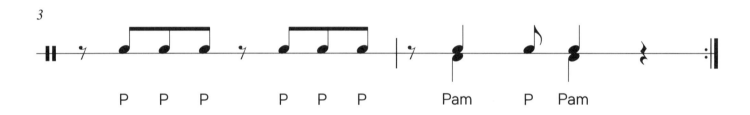

47. Entry of the Gladiators

J. Fučík 작곡

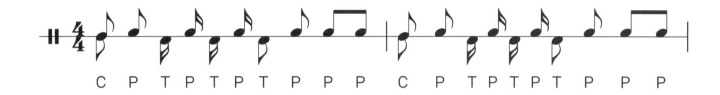

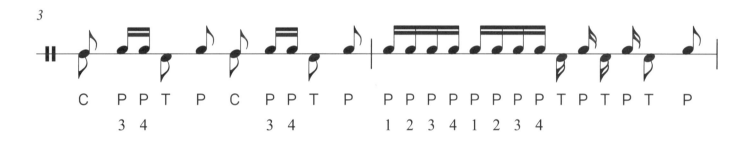

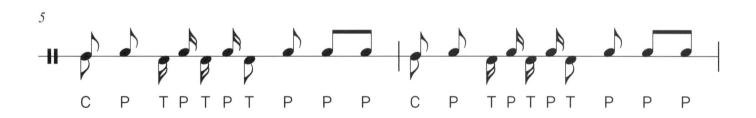

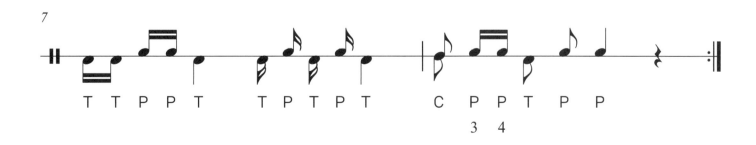

48. 성자의 행진

미국 민요

A

T P T P T   T P T P T

6

3 times

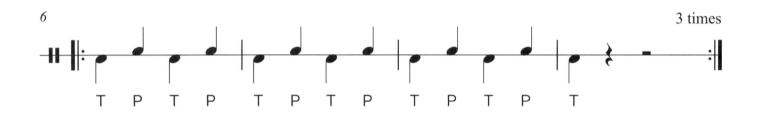

T P T P T P T P T P T P T

B

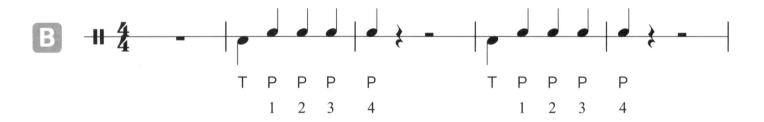

T P P P P   T P P P P
1 2 3 4   1 2 3 4

6

3 times

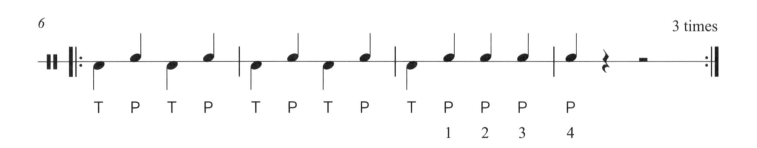

T P T P T P T P T P P P P
                        1 2 3 4

C

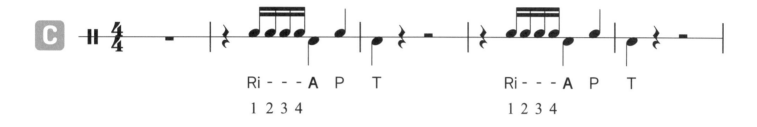

Ri - - - A P T   Ri - - - A P T
1 2 3 4   1 2 3 4

6   3 times

Ri - - - A P   Ri - - - A P   Ri - - - A Ri - - - A

D

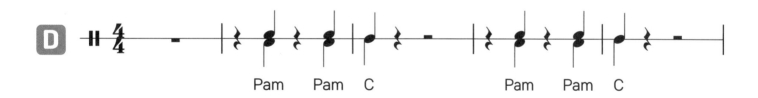

Pam   Pam   C   Pam   Pam   C

6   3 times

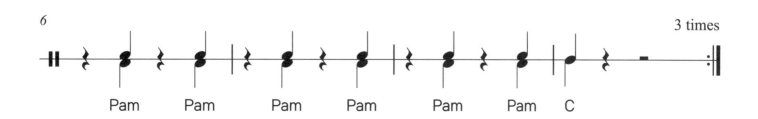

Pam   Pam   Pam   Pam   Pam   Pam   C

49. You Are My Sunshine

J. Davis 작곡

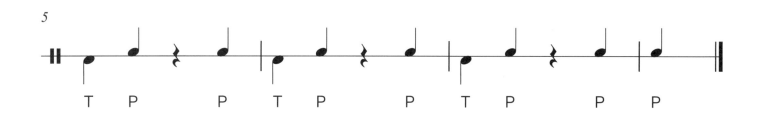

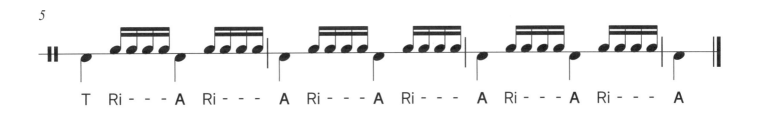

50. 어머나

윤명선 작곡

51. 라 쿰파르시타

G. M. Rodriguez 작곡

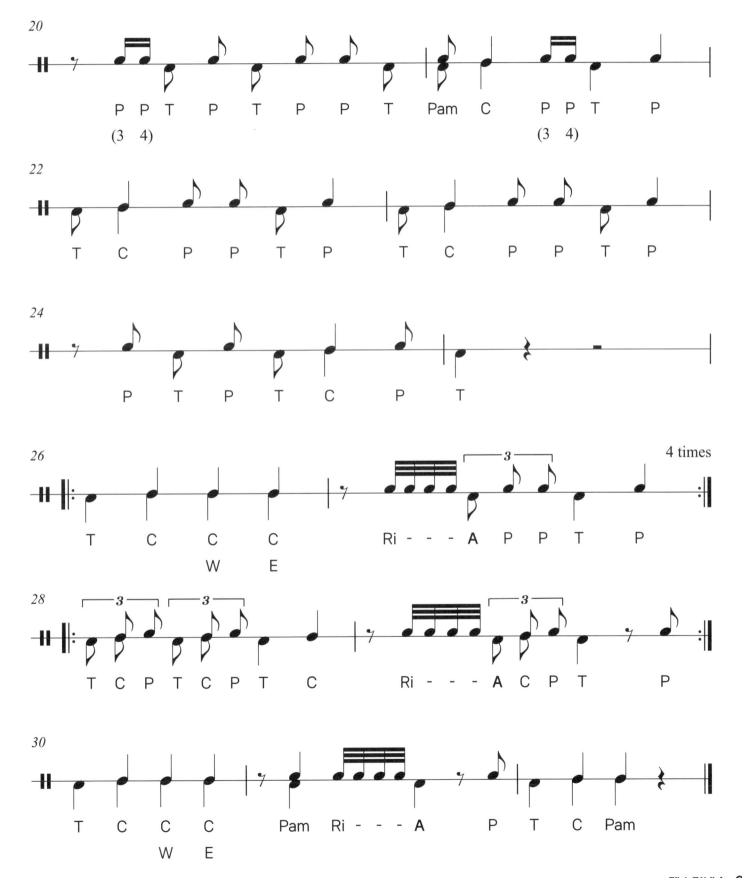

52. 라데츠키 행진곡

J. Strauss I 작곡

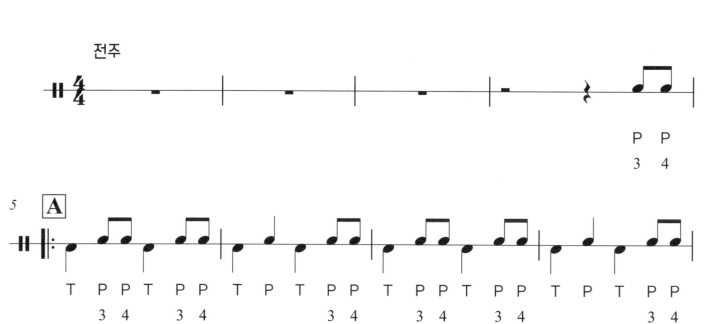

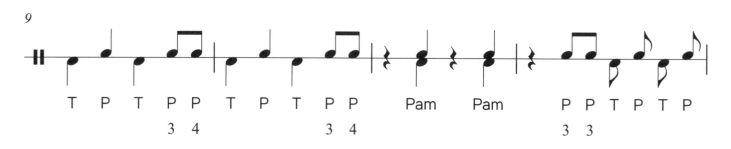

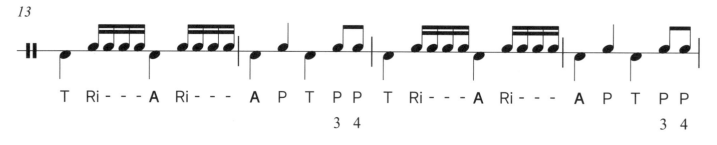

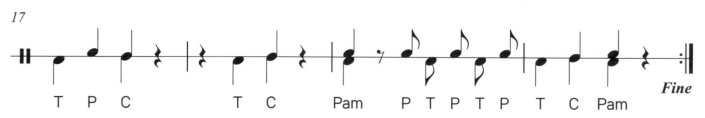

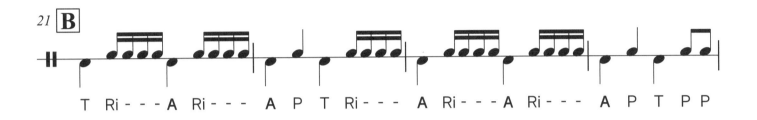

21 **B**

T Ri - - - A Ri - - - A P T Ri - - - A Ri - - - A Ri - - - A P T P P

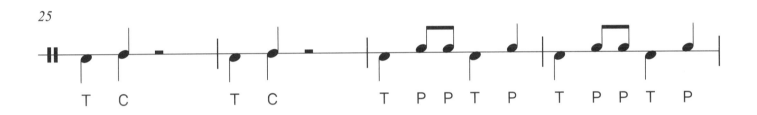

25

T C T C T P P T P T P P T P

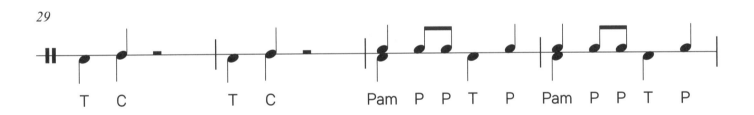

29

T C T C Pam P P T P Pam P P T P

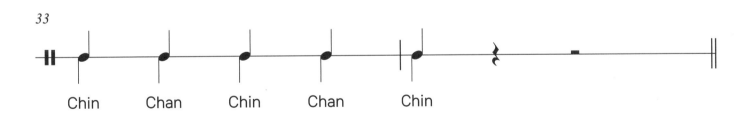

33

Chin Chan Chin Chan Chin

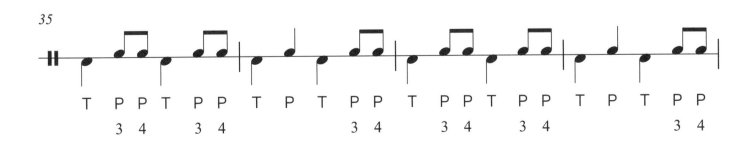

35

T P P T P P T P T P P T P P T P P T P T P P
  3 4   3 4   3 4   3 4   3 4   3 4

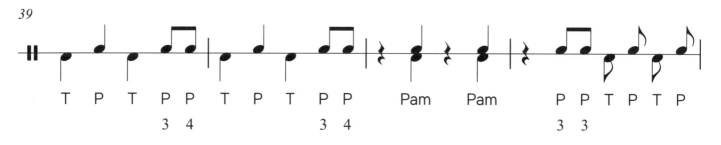

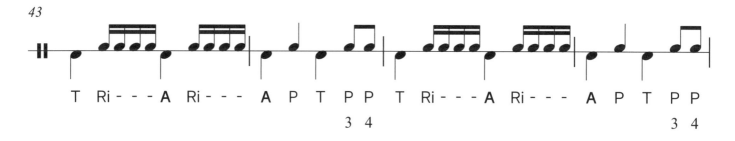

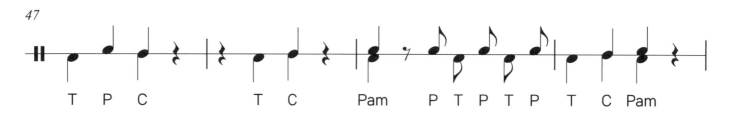

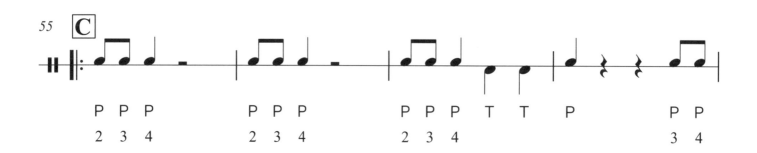

53. 카르멘 서곡

G. Bizet 작곡

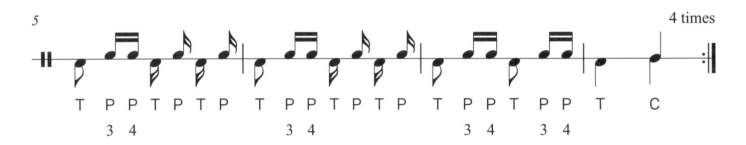

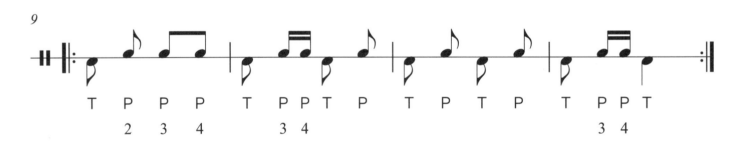

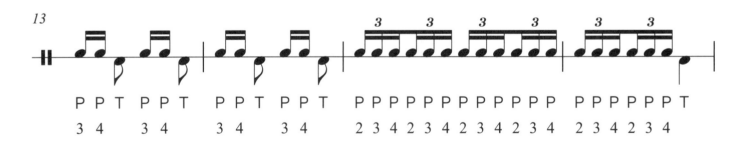

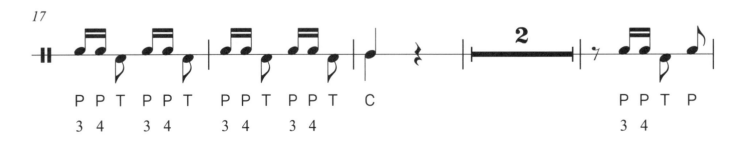

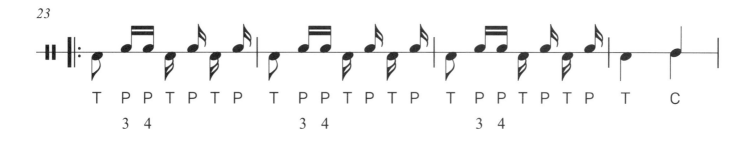

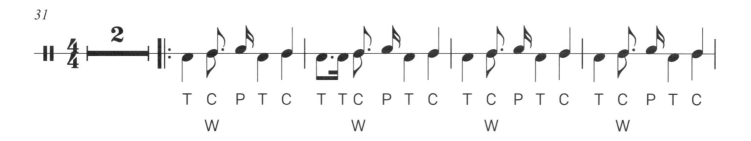

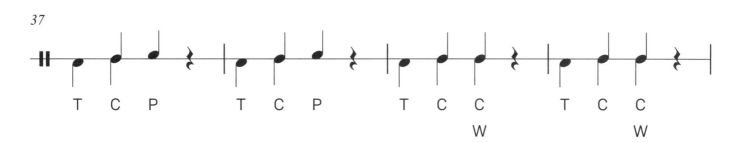

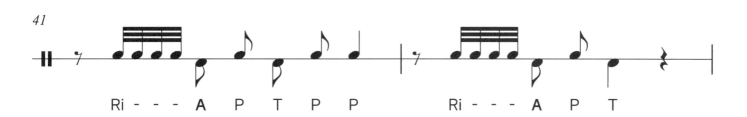

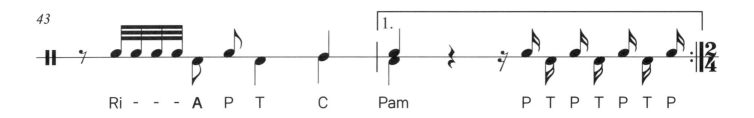

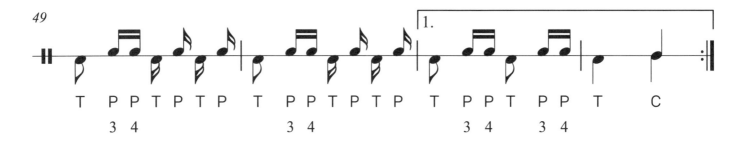

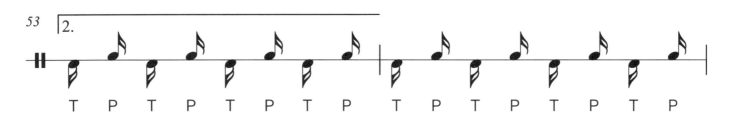

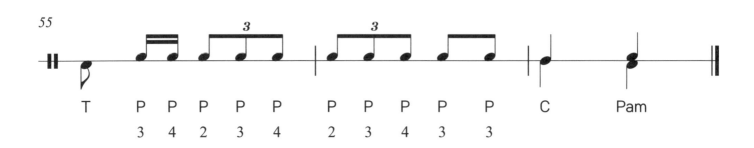

심화 리듬 패턴 ④ – Ra 연습

❶
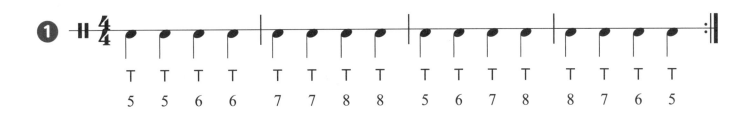

❷
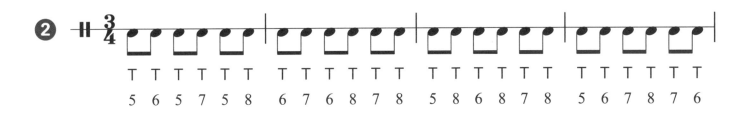

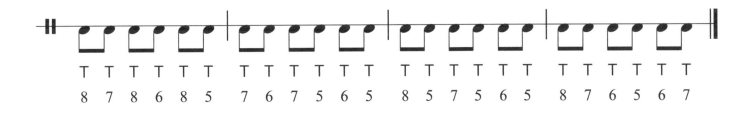

❸
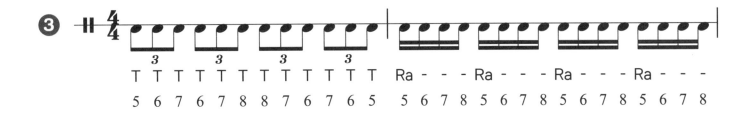

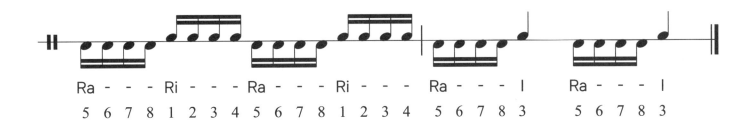

54. 소나티네 Op.36, No.1, 1악장

M. Clementi 작곡

모범 연주

반주 음원

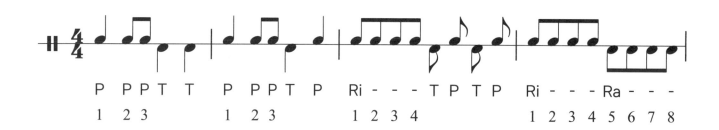

P P P T T   P P P T P   Ri - - - T P T P   Ri - - - Ra - - -
1   2 3   1   2 3   1 2 3 4   1 2 3 4 5 6 7 8

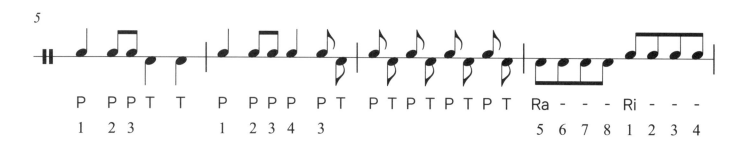

5

P P P T T   P P P P T   P T P T P T P T   Ra - - - Ri - - -
1   2 3   1   2 3 4 3   5 6 7 8 1 2 3 4

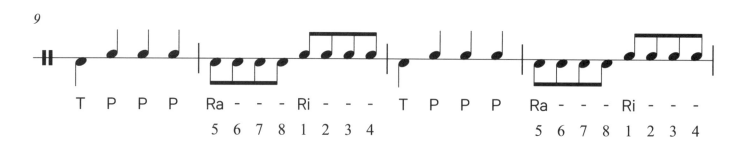

9

T P P P   Ra - - - Ri - - -   T P P P   Ra - - - Ri - - -
        5 6 7 8 1 2 3 4   5 6 7 8 1 2 3 4

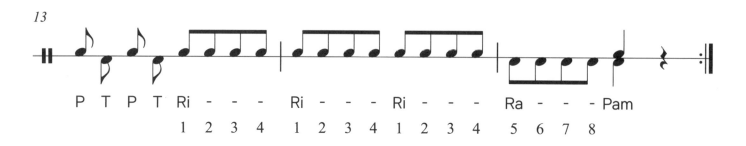

13

P T P T Ri - - -   Ri - - - Ri - - -   Ra - - - Pam
        1 2 3 4   1 2 3 4 1 2 3 4   5 6 7 8

Profile *

장진영

한국칼림바음악교육협회 대표
글로벌악기교육진흥원 대표

· 우분트 칼림바앙상블 단장
· 숙명여대 음악대학 기악과(첼로) 졸업
· 중등음악 교원자격증(04)
· 우쿨렐레 지도사 1급(13)
· 오카리나 지도사 1급(13)
· 음악심리 상담사 1급(19)
· 칼림바 지도사 1급(19)
· 캐스터네츠 지도사 1급(24)
· 오케스트라 지휘 지도사 1급(24)

전
· 완정초 외 24개 학교 예술강사
· 신용산초 외 13개 학교 방과후학교 강사

저서
「엄지 피아노 칼림바 기초곡집」
「엄지 피아노 칼림바 연주곡집」
「엄지 피아노 칼림바 찬송가 연주곡집」
「엄지 피아노 칼림바 CCM 연주곡집」
「엄지 피아노 칼림바 플러스(반주곡집)」
「쁘띠 칼림바」

Stand Up, 캐스터네츠 장진영 편저

발행인 박현수
발행처 세광음악출판사 | 서울특별시 용산구 만리재로 178
　　　　 Tel. 02)714-0048(내용 문의)　　Fax. 02)719-2656
　　　　 http://www.sekwangmall.co.kr
공급처 (주)세광아트 Tel. 02)719-2651　　Fax. 02)719-2191

|총괄| 강성호
|편집 및 교정| 한송이, 김성은
|제작| 김상준
|마케팅| 강성호, 윤미희

등록번호 제3-108호(1953. 2. 12)　　**인쇄일** 2024. 11
ISBN 978-89-03-47106-6 93670